ORANDO
los
NOMBRES
de
DIOS

ORIGEN

Primera edición: julio de 2023
Orando los nombres de Dios

© 2023, Penguin Random House Grupo Editorial USA, LLC
8950 SW 74th Court, Suite 2010
Miami, FL 33156
Publicado por ORIGEN,
una marca registrada de Penguin Random House Grupo Editorial.
Todos los derechos reservados.

Diseño de cubierta e interiores: Sankto (www.sankto.com.br)

A menos que se indique lo contrario, todas las citas bíblicas son tomadas de la Santa Biblia, Versión Reina-Valera 1960 © Sociedades Bíblicas en América Latina, 1960. Renovado © Sociedades Bíblicas Unidas, 1988 (RVR1960).

IMPRESO EN COLOMBIA / *PRINTED IN COLOMBIA*
ISBN: 978-1-64473-780-4   Orando los nombres de Dios
23 24 25 26 27   10 9 8 7 6 5 4 3 2 1

Los nombres de Dios

Dios ha sido nombrado de diferentes maneras a través de la Biblia. En las siguientes páginas, encontrarás 50 de esos nombres, cómo se escribían en el idioma original y su pronunciación en español. Además, podrás leer el significado de cada uno, verás algunos versículos de referencia donde aparece ese nombre y la aplicación de su uso para el pueblo de Israel.

Pero antes de comenzar:

Nota sobre la transliteración de palabras hebreas y griegas. A diferencia de muchas publicaciones que para la transliteración y la pronunciación utilizan signos fonológicos y

fonéticos que la mayoría de los lectores no conoce, o equivalencias con sonidos en inglés
que no son pertinentes para el lector hispano,
aquí hemos optado por simplificar y españoli-
zar la manera de trasladar las letras y sonidos
hebreos y griegos a nuestro idioma, de manera
que resulte intuitivo sin apenas necesidad de
explicaciones. Tan solo cabe señalar que usamos la letra "j" para indicar el sonido de la jota
leve o aspirada, como se usa en Hispanoamé-
rica, y "kj" para indicar el sonido de la jota tal
como se pronuncia en España. El sonido marcado con "sh" es semejante a como se pronuncia "ll" en Argentina, cercano al "ch" típico español, pero más suave. Cuando usamos la "z"
para indicar una pronunciación, nos referimos
a la zeta de España, semejante al sonido "th"
de "thank you" en inglés. El sonido de la ípsi-
lon griega lo hemos representado con "y", que
suena como la "u" francesa (poniendo los labios
para decir "u", pero diciendo "i").

En la mayoría de las apariciones del nombre de Dios (Jehová, Yahvé), señalamos la pronunciación como Yahvé, aun sabiendo que es solo una aproximación, con propósitos de simplificar la lectura y teniendo en cuenta que no existe un consenso concluyente sobre su pronunciación exacta.

Normalmente colocamos primero el nombre en hebreo o griego, su transliteración y después su pronunciación simplificada en español. En los casos en que la transliteración y la pronunciación son idénticas, obviamos esta.

ELOHIM

אֱלֹהִים

/ Elohim / Elojim

Dios

En el principio creó Dios los cielos y la tierra.

GÉNESIS 1.1

*E*l primer capítulo de la Biblia usa este nombre para Dios, que está formado por la palabra hebrea *El* (o *Eloah*), la más habitual para "Dios", en su forma plural. Para algunos expertos, este uso para referirse al Dios único se debe al matiz mayestático que le da el plural, pero muchos comentaristas ven en este uso especial una referencia al carácter trino de Dios. Este es el nombre más genérico frente al más específico: Jehová. Los dos juntos (Yahvé Elohim) solo los encontramos en dos ocasiones en la Torá, en Génesis 2.4 y en Éxodo 9.30. Elohim, al ser más genérico, se usa en algunos versículos para designar a dioses paganos (Gén 31.30), ángeles (Sal 8.5), personas (Sal 82.6) y jueces (Éx 21.6), pero siempre se distingue cuando se refiere a la Divinidad. El grito de angustia de Jesús en la cruz, en arameo, nos recuerda este nombre (Mr 15.34).

La doctrina de la Trinidad es una de las más difíciles de entender de la teología cristiana. No vamos a intentar aquí dar la explicación definitiva, pero sí animamos a considerar la importancia que tiene para que entendamos el amor de Dios. Dios es amor, y algo tan sublime solo se puede dar entre varias personas. No puede existir amor en la soledad más absoluta. En el seno de la Trinidad podemos entender que existe el amor, desde antes de la fundación del mundo y de la existencia de las personas. Recordar el nombre Elohim nos ayuda a ver a Dios como la fuente del amor verdadero, eterno.

Mi Dios:

Vengo hoy ante Ti simplemente para decirte que te amo. Tú eres mi Dios, mi protector, mi estandarte, mi paz, mi proveedor, mi fortaleza, mi redentor y mucho más. Levantaré tu nombre entre mi prójimo y mis amigos para que ellos sepan que yo soy tuyo y Tú eres mío. Tu nombre es grande y digno de ser alabado. Ayúdame hoy a honrar tu nombre en todo lo que haga.

EL NOMBRE

הַ שֵׁם

/ Ja Shem

El Nombre (de Dios), su fama,
su naturaleza, su Persona.

*Y a Set también le nació un hijo, y llamó su
nombre Enós. Entonces los hombres comenzaron
a invocar el nombre de Jehová.*

GÉNESIS 4.26 (2 CR 7.14; JN 17.6, 26)

Aunque parezca un juego de palabras, "el Nombre" no puede ser un nombre de Dios, pero se usa como nombre suyo para referirse a quién es Él sin el peligro de nombrarlo en vano. Tal era la reverencia del pueblo judío, sobre todo entre los fieles que regresaron del exilio, ante el nombre revelado de Dios (Jehová, Yahvé) y tanto su temor al mandamiento de Éxodo 20.7, que, entre otras soluciones, comenzaron a referirse al Señor como "el Nombre". En su cultura, eso tenía más sentido, pues el nombre encierra todos los atributos de la persona, su honor, su autoridad... En la Biblia se habla muchas veces de "invocar Su Nombre", cuando podría decirse llanamente "invocar al Señor"; el mismo Jesús nos enseña que oremos "santificado sea tu nombre" y afirma que Él vino a glorificar su nombre.

"¿Qué hay en un nombre?" le decía Julieta a Romeo en la obra de Shakespeare. "La importancia de llamarse Ernesto", tituló Oscar Wilde una de sus obras más famosas. El místico castellano Fray Luis de León escribió un libro titulado *De los nombres de Cristo*, donde extrae enseñanzas muy profundas de catorce nombres y títulos de Jesús. Baruj Jashem significa "Bendito Sea Su Nombre" o "gracias a Dios", y es como muchos judíos contestan al saludo "¿Cómo está usted?", o cuando se anuncia una buena noticia. Entre muchos de ellos, y entre los aficionados a la Cábala, se suele usar Hashem, Ja Shem, para referirse a Dios. Su uso no tiene solo la función de salvaguarda ante la posibilidad de violar Éxodo 20.7, sino también el reconocimiento de que el suyo es "el nombre sobre todo nombre" (que, por cierto, en griego se aplica a Jesús en Filipenses 2.9).

Padre Dios:

Trae tranquilidad a mi corazón y a mi mente en este día. Que en el silencio del momento pueda depender principalmente de tu nombre. Que tu nombre hoy sea todo lo que necesite en mi vida y que siempre esté en mis labios. Ayúdame, oh, Señor, a confiar en tu nombre. Porque tu nombre es una torre fuerte y poderosa, un refugio en los tiempos de tormenta. Que hoy pueda encontrar descanso en tu nombre.

EL ROÍ

/ El Roí

SIGNIFICADO DEL NOMBRE:

Dios que ve, Dios de visión

*Entonces llamó el nombre de Jehová que con
ella hablaba: Tú eres Dios que ve; porque dijo:
¿No he visto también aquí al que me ve?*

GÉNESIS 16.13

Este es el nombre que la sierva de Sara y madre de Ismael, Agar, le puso a Dios cuando estaba a punto de morir en el desierto y el ángel del Señor se le apareció. Agar había sido desechada por su señora con el beneplácito de Abraham, el padre de su hijo. Había sido expulsada de su zona de confort, abandonada a su suerte, que no parecía muy halagüeña. En esa situación seguramente se sintió invisible, insignificante, que no le importaba a nadie. Pero el Señor se acercó a ella para tranquilizarla y para demostrarle que no era invisible para Él, pues Dios se preocuparía de bendecirla a ella y a su descendencia. Por eso ella lo llama así, El Roí, Dios que ve.

Seguro que en alguna ocasión te has sentido ninguneado o ninguneada por los demás; quizás hasta te ha ocurrido en tu propia iglesia o familia, donde en algunos momentos has llegado a sentirte invisible. En esos casos, no te dejes nunca llevar por la autocompasión o la desesperación, más bien piensa en este nombre de Dios, El Roí, el Dios que ve, para el cual jamás serás invisible. Cuando haces lo que te dicen, sirves como tienes que servir, pero aun así tu única recompensa es la indiferencia e incluso el rechazo, no te preocupes por las reacciones injustas de las personas, descansa en el Dios que te ve y espera en Él.

Padre celestial:

Muchas veces me siento invisible y creo que lo que hago no es importante. Pero luego recuerdo que Tú eres el Dios que me ve. Tú ves cada uno de mis movimientos, cuando me levanto y cuando me acuesto; cuando voy y cuando vengo; mis lágrimas y mis risas. Tienes el ojo atento de un padre amoroso y con eso entiendo que te preocupas por mí. Gracias por cuidarme en el día de hoy.

EL SHADDAY

אֵל שַׁדַּי

/ El Shadday / El Shadái

Dios Todopoderoso, Omnipotente

*Era Abram de edad de noventa y nueve años,
cuando le apareció Jehová y le dijo: Yo soy el Dios
Todopoderoso; anda delante de mí y sé perfecto.*
GÉNESIS 17.1 (28.3; 35.11; 43.14; JOB 22.25)

Para muchos lectores de la Biblia, este es uno de los nombres de Dios favoritos. Lo es por su sonido, pues no siempre resulta fácil pronunciar los nombres en hebreo y este sí tiene una pronunciación sencilla, y lo es también, sobre todo, por su significado. Su origen parece tener relación con las montañas, de modo que podría entenderse como el Dios de la montaña o Poderoso, firme, como la montaña. En el pensamiento hebreo y de los pueblos vecinos, los montes eran símbolos de poder y, por lo general, los lugares predilectos para el culto; recuérdese, por ejemplo, el comienzo del Salmo 121. No obstante, en el Antiguo Testamento, esta manera de presentar a Dios está directamente relacionada con la confirmación del pacto.

*T*ambién hoy tenemos montes que nos sobrecogen, poderes humanos y sobrehumanos ante los que nos sentimos impotentes, incapaces de cumplir con nuestras promesas a Dios o de esperar que Él cumpla las suyas. Pero aquí tenemos un precioso ejemplo de la unión del concepto de poder y el de pacto, confirmando ambos para nuestra paz y confianza. Cuando cantamos, oramos y celebramos a El Shadday estamos recordando su poder sin límite y también la seguridad de que su fidelidad, con la cual guarda su pacto, es inquebrantable. Él es El Shadday, el Dios Todopoderoso, y nos llena de seguridad con solo recordar su nombre.

Padre Dios:

Gracias por ser tan poderoso en mi vida. Cuando soy débil, sé que puedo contar con que tu fuerza inquebrantable me sostiene. Tú eres el poder que mantiene unido mi pequeño mundo y todo el universo al mismo tiempo. Tus manos poderosas pusieron a las estrellas en su lugar y, a su vez, son tan tiernas que sostienen mi mano cuando comienzo a caer. Gracias por preocuparte por mí y ser mi fortaleza en este día.

EL OLAM

אֶל עוֹלָם

/ El Olam

Dios eterno, el Dios que no tiene
principio ni fin

*Y plantó Abraham un árbol tamarisco en Beerseba,
e invocó allí el nombre de Jehová Dios eterno.*
GÉNESIS 21.33 (SAL 45.6; 48.14; IS 40.28)

La palabra *Olam* (Eterno), que acompaña a *El* (Dios), aparece en más de cuatrocientas ocasiones en el Antiguo Testamento. Es interesante señalar que es el término elegido muchas veces para referirse al pacto de Dios con su pueblo y a sus estatutos, aunque en esos casos suele traducirse como "perpetuo" o "sempiterno". Es muy poco frecuente que ese adjetivo hebreo se aplique a Dios, pero en Génesis encontramos que Abraham lo usa para invocarle con ese nombre. Abraham lo llama así precisamente cuando establece el lugar de Beerseba, donde había hecho un pacto con Abimelec. Nos recuerda también la doxología de Pablo en 1 Timoteo 1.17, donde la expresión "Rey de los siglos" está seguramente relacionada con la bendición judía tradicional que llamaba a Dios "Mélec ja Olam", Rey Eterno.

La expresión "nada es eterno" se ha convertido en un dicho popular de falsa sabiduría mundana. Con ello se da a entender que no hay que poner la confianza en los pactos que hagamos entre nosotros, aunque sean tan sagrados como el matrimonio. Asimismo sirve para desengañar de toda esperanza al que está disfrutando de algo bueno. Cuando hablamos de Dios y su pacto, debemos desintoxicarnos de esa filosofía, porque Él quiere que lo conozcamos como el Dios Eterno, cuyos planes permanecen para siempre, cuyas promesas cuentan con la más absoluta garantía, pase el tiempo que pase. Nosotros sabemos lo que es sufrir el paso del tiempo, pero Dios existe desde antes de que existiera el tiempo y existirá después de que ya no tengan sentido los relojes y calendarios. Él es el Eterno.

Padre Eterno:

Todo en mi vida tiene un comienzo y un final, hasta mis días están contados. Es difícil para mí comprender que eres eterno; siempre has sido y siempre serás. Si pudiese viajar a la eternidad pasada, también allí te encontraría y si me dieran la oportunidad de dar un vistazo a la eternidad futura, igualmente estarías allí. Lo más bello de esto es que tu amor por mí también es eterno y eso es lo que hoy reconforta mi corazón.

JEHOVÁ JIRÉ

יְהוָה יִרְאֶה

/ Yahweh Yiraéh / Yahvé Yiré

Dios proveerá

Y llamó Abraham el nombre de aquel lugar,
Jehová proveerá. Por tanto se dice hoy:
En el monte de Jehová será provisto.
GÉNESIS 22.14

Hablando con propiedad, este no es el nombre de Dios, sino el nombre de un lugar. No es el único lugar de la Biblia que recibe un nombre que nos habla en realidad de Dios. Aunque sabemos que es el nombre de un lugar, hemos asumido este nombre, y lo usamos incluso en hebreo, Yahvé Yiré, para referirnos a Dios.

El primero en hacerlo fue Abraham, cuando Dios lo puso a prueba pidiéndole a su hijo en sacrificio. Cuando el patriarca alzó el cuchillo contra Isaac, Dios, por supuesto, lo detuvo y le hizo ver un carnero atrapado en un arbusto. Abraham ofreció al carnero en sacrificio. Reconoció que Dios había provisto el carnero para ese propósito.

Allí donde más desesperadamente necesites ver la mano de Dios proveyendo lo que necesitas, encontrarás la vigencia de este nombre divino y podrás llamar así también a muchos lugares o momentos de tu vida. Los momentos de necesidad más duros son aquellos en los que nos encontramos precisamente por haber obedecido a Dios. En esas situaciones es más difícil entender por qué nos lleva a esos extremos, pero también es cuando con más claridad vamos a ver su mano poniendo cerca el carnero inesperado o la provisión que hasta ese momento nos parecía imposible. Conocer a Dios por este nombre puede resultar duro a veces, pero nos llena de una enorme satisfacción y un irrefrenable deseo de alabarlo.

Padre:

Quiero confiar cada día más en Ti. Muchas veces elijo confiar en mí mismo y mis propias capacidades que son limitadas. Pero Tú eres mi proveedor. Tú eres el que da una abundancia que supera ampliamente mis necesidades. Ayúdame a depender de Ti, así como lo hicieron los hijos de Israel en el desierto cuando les dabas maná del cielo para suplir sus necesidades diarias. Padre, hoy pongo en Ti mi confianza.

JEHOVÁ

יְהֹוָה

/ Yahweh / Yahvé (o Yajoué, Yejouá,
aproximadamente)

SIGNIFICADO DEL NOMBRE:

Yo soy el que soy

*Además dijo Dios a Moisés: Así dirás a los hijos de
Israel: Jehová, el Dios de vuestros padres, el Dios de
Abraham, Dios de Isaac y Dios de Jacob, me ha enviado
a vosotros. Éste es mi nombre para siempre; con él se
me recordará por todos los siglos.*

ÉXODO 3.15 (GN 2.4, 5... APARECE HASTA 6220 VECES)

Dios le muestra a Moisés cuál es el nombre que debe darles a los israelitas cuando le pregunten quién lo envía. Justo antes se nos da el significado de este nombre, "Yo soy el que soy", basado en una repetición del verbo *hayah* (ser, existir). Esa repetición debe entenderse como la expresión de que Dios existe en sí mismo, sin necesidad de nada ni nadie; Él existe y es eterno en, de y por sí mismo. La forma más aproximada de pronunciarlo debía de ser algo así como Yajoué, aunque es imposible saberlo con seguridad, pues, tras el destierro babilónico, los judíos dejaron de pronunciar el nombre divino, por reverencia. Al escribirlo, usaban solo las cuatro letras YHWH (el tetragrámaton) sin las marcas de vocales. Luego, para facilitar su lectura, se colocaron las vocales de otro nombre de Dios que sí podían pronunciar, Adonai, lo que acabó dando lugar a nuestro castellano "Jehová".

*P*odemos extraer dos aplicaciones principales de este nombre. En primer lugar, el hecho de que Dios acceda a ser identificado con un nombre. Así es, el Dios eterno e incomparable accede a reducirse a las necesidades de los seres humanos, como la de tener un nombre. La Biblia está repleta de ejemplos de cómo Dios se adapta a las limitaciones de los hombres para ser más accesible a ellos. Por otra parte, el significado del nombre que Dios elige nos enseña mucho sobre su esencia: Dios es eterno, existente en sí mismo. Él no depende de otras cosas, por eso podemos encontrar la más absoluta firmeza y confianza cuando descansamos en Él y dependemos de Él.

Mi Dios:

Tu nombre es sobre todo nombre. Por siempre y para siempre tu nombre reina sobre todo nombre. Ayúdame a honrar tu nombre en todo lo que haga en este día. Hoy, lo usaré con reverencia porque Tú eres mi rey. Hoy, lo usaré con admiración por tu gran poder. Hoy, me regocijaré en tu nombre. Que pueda encontrar mi confianza y descanso en Ti y en tu nombre.

JEHOVÁ TU SANADOR

NOMBRE ESCRITO EN SU IDIOMA ORIGINAL:

יְהוָה רֹפְאֶךָ

/ Yahweh Rafa / Yahvé Rafá

SIGNIFICADO DEL NOMBRE:

Jehová el que te sana

Y dijo: Si oyeres atentamente la voz de Jehová tu Dios
[...] ninguna enfermedad de las que envié a los egipcios
te enviaré a ti; porque yo soy Jehová tu sanador.

ÉXODO 15.26

En Éxodo 15, Dios demuestra al pueblo de Israel en el desierto que es poderoso para sanar las aguas amargas de modo que no murieran de sed. Con esa demostración podían tener la confianza de que era capaz de sanar todo lo que necesitase sanidad, en lugar de verse sometidos a las plagas de Egipto, por ejemplo. Sin embargo, Dios condiciona esta promesa a que guarden sus mandamientos.

No es este el único caso del Antiguo Testamento en el cual podemos observar el poder sanador de Dios. Por ejemplo, sanó al pueblo de Israel en el desierto cuando las serpientes venenosas les mordieron (ver Nm 21.5-9). También sanó a María de la lepra que había contraído por su propio pecado (Nm 12.10-16). Curó a Ezequías, el rey de Judá, de una grave enfermedad (2 R 20.1-10). Y por medio de sus profetas, como Elías y Eliseo, sanó a otras personas incluso rescatándolas de la muerte.

A menudo se nos advierte del peligro de amar a Dios por lo que hace y por lo que da, en lugar de amarlo por ser quien es, pues esto es la pura adoración. Si hay un atributo de Dios que nos puede hacer caer en ese peligro, es precisamente el de Dios como Sanador. Muchas personas acuden al Señor únicamente cuando los problemas de salud los hacen desesperarse. Gracias a Dios por su misericordia, porque, aun así, Él escucha las oraciones y conforme a su voluntad, responde a ellas (no siempre como quisiéramos). Al invocar a Jehová nuestro Sanador, deberíamos pensar en primer lugar en que nos sane de nuestro pecado, pues por eso murió Jesús, y de esa forma podremos entrar en una relación con Él que nos lleve a conocerle más de cerca y gozarnos en Él, incluso en medio de la enfermedad.

Poderoso Dios:

Hoy te necesito más que nunca. Por las escrituras sé que Tú sanas y hoy, necesito tu sanidad en mí. Tú eres el Gran Médico y me conoces mejor que yo mismo. Ya sea mi necesidad física, emocional o espiritual, hoy te pido una vez más que me sanes y me completes. Solo en Ti encuentro mi paz y bienestar. Gracias por ser mi sanador.

JEHOVÁ-NISI

יְהוָה נִסִּי

/ Yahweh Nissi / Yahvé Nisi

Jehová es mi estandarte, mi bandera

Y Moisés edificó un altar,
y llamó su nombre Jehová-nisi.
ÉXODO 17.15 (SAL 60.4; IS 11.12; 49.22)

*E*n el contexto de Éxodo 17.5, Dios había ayudado a Israel de forma milagrosa a vencer a los amalecitas. La batalla tuvo lugar cerca de Refidim y Moisés erigió allí un altar conmemorativo de esa victoria. En las contiendas militares de aquella y de otras épocas, era usual que los ejércitos portaran un estandarte. En él se representaba algo que identificase al pueblo, o a su rey o líder, pero también servía para marcar el punto de reunión de las tropas. Era una marca identificativa, pero también un punto de referencia. Después de lo que había presenciado, Israel no necesitaba de ningún otro estandarte: Dios es suficiente también para eso.

*P*or desgracia, las banderas se convierten a menudo en motivo de disputas. Uno puede encontrar muchas razones para sentirse bendecido por lo que representa su bandera, su estandarte, ya sea a nivel local, de universidad, equipo deportivo e incluso nación. Sin embargo, cuando se convierte en un ídolo, es decir, cuando ocupa el lugar que solo le pertenece a Dios, puede generar sentimientos de superioridad propia y de desprecio por el otro; puede ser una fuente de enfrentamientos con desenlaces muy desgraciados.

El propio profeta Isaías, buen israelita, tenía al Señor como su estandarte, pero también profetizó sobre el Mesías, Cristo, quien sería estandarte para las naciones (Is 11.10). En Él encontramos la victoria; también la unidad y la hermandad por encima de fronteras y muros de separación (Ef 2.14-16).

Padre celestial:

En Ti encuentro mi victoria y mi razón de ser. Ayúdame a sostener tu estandarte en alto y proclamarles a todos que Tú eres mi Señor y Rey. Dame hoy el valor de alabar tu nombre y levantar tu estandarte para que todos lo vean. Agitaré tu bandera y declararé tu nombre en las pequeñas batallas y en las grandes victorias. Que todos puedan identificarme contigo y tu grandeza. Tú eres mi Rey.

JEHOVÁ SU SANTIFICADOR

יְהוָה מְקַדִּשְׁכֶם
/ Yahweh maqaddishkem / Yahvé
Macadishkem

Jehová su santificador, Jehová que
os santifico

*Tú hablarás a los hijos de Israel, diciendo: En verdad
vosotros guardaréis mis días de reposo; porque es
señal entre mí y vosotros por vuestras generaciones,
para que sepáis que yo soy Jehová que os santifico.*
ÉXODO 31.13 (Lv 20.8; 21.8; 22.32)

Dios usa este nombre para advertir con toda solemnidad al pueblo de Israel acerca de algo tan importante como el día de reposo, que era una señal de su relación especial con Dios. Como este recordatorio tiene que ver con su santidad, es decir, con el hecho de que son un pueblo apartado para Dios y consagrado para Él, adquiere mucha más seriedad si viene de boca del Santificador. Jehová se presenta así también en varios versículos de Levítico, entre los que destaca Levítico 22.32, donde les recuerda: "no profanéis mi santo nombre, para que yo sea santificado en medio de los hijos de Israel. Yo Jehová que os santifico". Esa es su firma en mandatos tan solemnes.

*E*l desafío que supone para nosotros pensar en la santidad de Dios, en que Él espera que seamos santos, nos puede llenar de inseguridad, conscientes de que jamás podríamos llegar a ese nivel. Pero este nombre, sin perder nada de su solemnidad, nos llena también de seguridad porque nos recuerda que es Él quien se encarga de santificarnos. Si nuestra santidad dependiera de nosotros mismos, estaríamos perdidos, pero este nombre de Dios nos consuela al respecto. No olvidemos, además, lo que Pablo dice en 1 Corintios 1.30: "Mas por él estáis vosotros en Cristo Jesús, el cual nos ha sido hecho por Dios [...] santificación...".

Poderoso Dios:

Tú nos has llamado a ser santos, como Tú eres santo. Sé que por mis propios medios nunca podré ser tan santo como Tú, porque soy propenso a desviarme y mi corazón es malvado. Ayúdame, oh, Dios, a confiar en Ti y dejar que me purifiques. Que mi santidad dependa de Ti y de tu santidad y no de mí. Que otros puedan verte hoy en mí.

DIOS CELOSO

אֵל קַנָּא

/ El kanna / El Caná

SIGNIFICADO DEL NOMBRE:

Dios celoso, que siente celos,
pasión o furia

Porque no te has de inclinar a ningún otro dios,
pues Jehová, cuyo nombre es Celoso, Dios celoso es.
ÉXODO 34.14 (DT 4.24; JOS 24.19)

USO DEL NOMBRE PARA EL PUEBLO DE ISRAEL:

Esta palabra aparece en el Antiguo Testamento únicamente para referirse a Dios. Es, por tanto, un rasgo de su carácter que no quiere que nos pase desapercibido. La raíz de la palabra tiene que ver con fuego, sentimiento ardiente o pasión, propio de una relación matrimonial. Posiblemente se inspiró en la infidelidad que Israel demostró ya en el camino por el desierto, cuando se construyó un becerro de oro para adorarlo en lugar de a Dios. En su pacto, el Señor les exigía una adoración total y exclusiva a Él; violar esa exclusividad era una forma de infidelidad que suscita los celos en quien debía ser objeto de todo su amor y devoción. Aunque está relacionado con el lenguaje de amor en el matrimonio, cuando aparece esta palabra lo hace con un sentido de dura exhortación advirtiendo del castigo de Dios contra la idolatría en su pueblo.

De todas las formas en que podríamos llamar a Dios, seguramente esta es la que menos nos gusta. Ni siquiera en el ámbito del matrimonio nos gusta que se hable de celos, porque en algunos casos está ligado a violencia machista, a obsesiones paranoicas en cualquiera de los cónyuges, a una manera de entender la pareja como objeto que se posee, etc. Sin embargo, al hablar del Dios Celoso, podemos despojar el término de todas esas características negativas porque el amor de Dios no padece las imperfecciones del nuestro, y porque hablar de que somos posesión de Dios no puede parecerse a considerarse posesión de ningún ser humano, por mucho que este nos ame. Dios es el único que tiene derecho a decir que somos posesión suya; y esta afirmación de su parte debe llenarnos de gozo, paz, seguridad y esperanza.

Padre:

Perdóname por las veces que he puesto a las personas o a las riquezas antes que a Ti. Perdóname por considerarlos más importantes en mi vida. Tú eres un Dios celoso porque me amas demasiado. Permíteme honrarte poniéndote por sobre todas las cosas en el día de hoy. Voy a hacerte una prioridad en mi vida y a poner todo a un lado para encontrar mi descanso en Ti.

JEHOVÁ-SALOM

יְהוָה שָׁלוֹם

/ Yahweh shalom / Yahvé Shalom

SIGNIFICADO DEL NOMBRE:

El Señor es paz; Jehová Paz

Pero Jehová le dijo: Paz a ti; no tengas temor,
no morirás. Y edificó allí Gedeón altar a Jehová,
y lo llamó Jehová-salom.

JUECES 6.23–24

*E*stamos ante otro caso en que se da un nombre de Dios a un lugar especial. Aquí, el Señor había llamado a una persona que se creía insignificante e inadecuada para la misión liberadora que le tenía reservada. Se trata de Gedeón, que necesitó una confirmación especial antes de poder creer todo lo que le estaba pasando. Una de las formas que Dios usó para acabar de confirmar su llamamiento fue quemando una ofrenda de sacrificio que Gedeón había puesto en un altar. Era una manifestación impresionante, porque Dios iba a hacer cosas poderosas por medio de Gedeón, pero a la vez presentaba a Dios como el Dios de la paz: Jehová-salom. Todos conocemos el significado de *shalom*, paz, pero a veces lo reducimos al sentido que tiene "paz" en nuestro idioma. En hebreo posee un significado mucho más amplio y profundo: paz, seguridad, confort, bienestar, situación ideal de justicia...

Gedeón fue sabio al usar este nombre de Dios precisamente en un contexto en el que se avecinaba la contienda. No hay que olvidar que, incluso cuando los siguientes pasos en nuestro camino sean de dura lucha, de derrotar inevitablemente a nuestro enemigo para conocer la libertad, es importante recordar que Dios es Dios de paz. Esta cualidad lo caracteriza mucho mejor que la guerra, por mucho que el combate sea necesario en ocasiones para nuestra liberación. Aun cuando tengamos delante momentos de lucha, no perdamos la confianza en que el Dios que nos dará la fuerza y la victoria es el Señor de paz, Jehová-salom.

Padre Dios:

Te pido que hoy traigas paz a mi corazón y a mi mente. Mi vida se ha vuelto ocupada y el mundo se ha vuelto caótico una vez más. ¡Cuánto anhelo que tu paz reine en mi alma otra vez! Que tu paz fluya como un río hacia mi alma sedienta y que pueda beber con libertad sabiendo que Tú eres mi paz en la tormenta. Por favor, calma mi corazón furioso y permíteme dormir esta noche. Gracias por ser mi paz.

ALTÍSIMO

עֶלְיוֹן
/ El Elión

Dios Altísimo, excelso, supremo

Y tronó desde los cielos Jehová, y el Altísimo dio su voz.
2 Samuel 22.14 (Gn 14.18-22; Dt 32.8; Sal 21.7)

*D*onde más encontramos esta manera de referirse a Dios es en los Salmos (Sal 9.2; 73.11; 107.11). También lo usa el profeta Daniel (Dn 4.24; 7.18), pero curiosamente lo encontramos en un momento de gran dramatismo en el Nuevo Testamento, cuando Esteban está a punto de morir como mártir y declara que "el Altísimo no habita en templos hechos de mano" (Hch 7.48). Para el pueblo judío, el Templo era una de las cosas más sagradas, más grandes, más importantes para su identidad religiosa y nacional. Pensar en Dios como el Altísimo tenía que llevar al creyente a la idea de lo incomparable, de un Dios más grande que cualquier cosa que uno pueda imaginar.

Efectivamente, el uso de este superlativo para referirse a Dios nos habla de que cualquier intento de contenerlo, de circunscribirlo a un templo o a nuestros propios esquemas se queda siempre corto. Lo mismo ocurre si queremos comparar a Dios con nuestros problemas: por muy altos que nos parezcan, nuestro Dios es el Altísimo. No tiene sentido intentar que Dios quepa en nuestros "templos". Pero el término "Altísimo" también nos habla de la eminencia de Dios. Él no solo es más alto, más grande que cualquier poder o circunstancia, sino que también está por encima de cualquiera de ellos. Cuando hablamos del Altísimo, podemos afirmar nuestros pies con la seguridad de que tenemos un Dios incomparable en grandeza y eminencia.

Padre celestial:

Hoy te doy gracias por estar por sobre todo en mi vida. No hay nada que pueda ser más grande que Tú. Eres más grande que todas mis circunstancias, que todos mis problemas y que todas mis preocupaciones. Tu grandeza no puede ser contenida, envasada ni replicada. Mi alma puede descansar en tu grandeza porque Tú eres el que cumple las promesas a todas las generaciones y tu nombre es sobre todo nombre.

DIOS VIVIENTE

אֱלֹהִים חָי

/ Elohim Hayyim / Elojim Chayyim

Dios viviente, el Dios vivo

Inclina, oh Jehová, tu oído, y oye; abre, oh Jehová,
tus ojos, y mira; y oye las palabras de Senaquerib,
que ha enviado a blasfemar al Dios viviente.
2 REYES 19.16 (JOS 3.10; SAL 42.2)

Este término suele usarse en el Antiguo Testamento, cuando se refiere a Dios, en contraste con los dioses paganos, que "tienen boca, mas no hablan. Tienen ojos, mas no ven; orejas tienen, mas no oyen. Tienen narices, mas no huelen. Manos tienen, mas no palpan. Tienen pies, mas no andan; no hablan con su garganta" (Sal 115.5-7). La diferencia principal entre Jehová y los dioses de los pueblos vecinos es que estos son pura apariencia, mientras que el Dios de Israel, aunque es invisible, es real, está vivo. No solo eso, sino que es la fuente de la vida. Esta característica diferencial se evidenciaba en la continua intervención real de Dios en favor de su pueblo y en demostración de su fidelidad.

Jesús dijo: "Yo soy [...] la vida". A los escribas y fariseos les reprocha "y no queréis venir a mí para que tengáis vida" (Jn 5.40). Al final de su Evangelio, Juan explica que sus palabras "se han escrito para que creáis que Jesús es el Cristo, el Hijo de Dios, y para que creyendo, tengáis vida en su nombre" (Jn 20.31). La aplicación definitiva de llamar a Dios El Jay la encontramos en 1 Juan 5.11-12. "Y este es el testimonio: que Dios nos ha dado vida eterna; y esta vida está en su Hijo. El que tiene al Hijo, tiene la vida; el que no tiene al Hijo de Dios no tiene la vida". Él es el Dios viviente, el Dios de la vida, y nos indica con toda claridad cómo alcanzar la vida verdadera y eterna.

Mi Dios:

Tú eres el Dios viviente, el Dios que conquistó la muerte y, como resultado, puedo tener vida eterna a través de Ti. Tú no estás sepultado en una tumba olvidada o distante, Tú estás vivo y obrando en mí. Tú eres el que sostiene mi vida tanto física como espiritualmente. Gracias por darme la vida de forma gratuita. Haz que en este día otros puedan ver tu vida en mí.

ADONÁI

NOMBRE ESCRITO EN SU IDIOMA ORIGINAL:

אֲדֹנָי

/ Adonai / Adonái / Κύριος
/ Kyrios

SIGNIFICADO DEL NOMBRE:

Señor, amo, soberano

*Y dijo al hombre: He aquí que el temor del Señor
es la sabiduría, Y el apartarse del mal, la inteligencia.*
JOB 28.28 (MAL 1.6; MT. 22.45; LC 19.30-34)

*E*ste nombre aparece más de setecientas veces, pero casi siempre acompañado de Yahweh, Jehová. En la tradición judía, al leer o escribir la Biblia en hebreo no había que asignar vocales a *YHWH*. Entonces, el lector dice Adonai cada vez que aparece el tetragrámaton, *YHWH*, en el texto. Los traductores de la Septuaginta, la traducción griega del Antiguo Testamento que se realizó antes de Cristo, también pusieron de manifiesto su reverencia hacia el nombre de Dios. Para traducirlo, optaron por el término *kyrios*, que significa «Señor», y que es el que más se usa en el Nuevo Testamento. En ese sentido, es importante que en los escritos de los apóstoles se generalizara la expresión «Señor [*kyrios*] Jesucristo» (Hch 11.17; Ro 1.7).

Shemá Israel, Adonai Eloheinú, Adonai Ekjad (Escucha, Israel, el Señor es nuestro Dios; el Señor es uno). Esta es la Shemá, la parte más importante de la Torá para los judíos, que todavía hoy es central en los rezos en las sinagogas. El cambio de YHWH (Jehová) por Adonai en una oración tan significativa muestra la importancia que llegó a adquirir este nombre de Dios. A Jesús, el Mesías, se le llama muchas veces Nuestro Señor Jesucristo; no es casualidad que el nombre que acompaña a Jehová tantas veces en el Antiguo Testamento, que incluso llega a sustituirlo, sea el mismo nombre que acompaña a Jesús en el Nuevo. Las conclusiones teológicas sobre la Persona de Jesús son ineludibles. Tenemos un solo Señor, el Dueño y Soberano de nuestras vidas, que se hizo hombre para rescatarnos. Es justo obedecerle y someternos a Él.

Padre:

Hoy te doy el señorío sobre mi vida. Hazme un humilde servidor que te sirva con gozo de cualquier forma. Me regocijo de trabajar para Ti. Ayúdame a ver las formas en que puedo servirte por medio del servicio a otros durante mi día. Que mis acciones los guíen a conocerte como yo Te conozco. Que tu señorío gobierne sobre mi corazón y mis acciones en el día de hoy.

PASTOR

אֲדֹנָירֹעִי

/ Roi, / ποιμὴν / poimén

Pastor

Jehová es mi pastor; nada me faltará.
SALMOS 23.1 (JN 10.11; HEB 13.20; 1 P 2.25)

*E*n una sociedad eminentemente rural y agraria, el oficio de pastor tenía una gran importancia y todo el mundo conocía sus funciones y particularidades. Por eso, todos entendían bien lo que significaba llamar Pastor al Señor. Como indica el salmo 23, ese apelativo les daba seguridad en cuanto a la provisión, la protección y la guía necesarias. Pero Jesús también se apropió de esta palabra para referirse a Sí mismo. Él lo dijo en el mismo pasaje (Jn 10) en el que afirmó que Él era la puerta, porque una de las funciones del pastor era servir de puerta en los corrales donde se recogían de noche las ovejas, de modo que ninguna pudiera salir sin pasar por él. Hasta ese punto nuestro Señor se toma en serio su título de Pastor.

Si somos sinceros, admitiremos que en más de una ocasión nos encontramos diciendo o pensando: "Algo me falta". En esos momentos, nos ayudará recordar este nombre de Dios. También habrá situaciones en las que nos encontraremos desorientados, sin guía, sin saber dónde encontrar lo que necesitamos. En esas circunstancias, saber que Dios es nuestro Pastor nos ayudará a dirigir la mirada al lugar adecuado. Hay personas que no quieren reconocer su necesidad de un pastor porque no quieren considerarse ovejas, que son unos animales demasiado dependientes, con escasa inteligencia, gregarios... pero es que en muchos sentidos somos como las ovejas. Además, que Dios nos llame sus ovejas no es un insulto, sino todo lo contrario, es un privilegio porque significa también ser su pueblo, algo muy preciado para Él.

Oh Señor:

Tú eres mi pastor y estoy muy agradecido. En Ti descubro que no tengo necesidades porque Tú las suples todas. Tú sabes exactamente donde llevarme para que me beneficie al máximo con lo que has preparado para mí. Sin embargo, muchas veces sé que he sido terco y no he dejado que me guíes. Gracias por traerme de vuelta al redil con tanto amor. El saber que caminas a mi lado me reconforta en mis días oscuros.

REY DE GLORIA

גְּאֵל הַכָּבוֹד

/ Melec hakkabod / Mélec ja kabod

Rey de gloria, Rey de la gloria

*Alzad, oh puertas, vuestras cabezas, y alzaos
vosotras, puertas eternas, y entrará el Rey de gloria.
¿Quién es este Rey de gloria? Jehová el fuerte y
valiente, Jehová el poderoso en batalla.
Alzad, oh puertas, vuestras cabezas, y alzaos
vosotras, puertas eternas, y entrará el Rey de gloria.
¿Quién es este Rey de gloria? Jehová de los ejércitos,
él es el Rey de la gloria.*

SALMOS 24.7–10

Aunque este salmo es el único lugar de la Biblia donde se llama así a Dios, conviene citarlo porque lo repite varias veces en poco espacio. Es evidente que se trata de un cántico de gozo y muy probablemente unos cantaban las preguntas y otros cantaban las respuestas en una especie de antífona jubilosa. Algunos autores sostienen que este cántico podría ser el que se entonó cuando David entró con el arca en Jerusalén.

"¿Quién es el Rey de Gloria?" es obviamente una pregunta retórica, pues se conoce su respuesta antes de formularla. Pero las preguntas retóricas no son inútiles: sirven precisamente para enfatizar algo evidente que a veces se nos olvida.

¿Qué significa para nosotros que Dios sea el Rey de Gloria? No hay duda, significa que el Señor es digno de nuestra alabanza. Es más: *única* y *exclusivamente* Él es digno de toda nuestra alabanza. Como dijo Jesús, los hombres buscan recibir gloria los unos de los otros (Jn 5.44), pero Él no busca su propia gloria, es el Padre quien lo glorifica con la gloria divina que le pertenece (Jn 17.5). Nuestro papel en todo esto lo resume el famoso lema de la Reforma: *soli Deo gloria*. Tan solo a Dios sea toda la gloria. Aunque ya lo sepamos, preguntémonos: "¿Quién es el Rey de Gloria?", para suscitar una respuesta de júbilo en nosotros mismos o en nuestros hermanos: ¡El Señor es el Rey de Gloria!".

Señor mi Dios:

Tú eres el Rey de Gloria y por eso te alabo en este día. Tu nombre es exaltado sobre todo nombre y digno de toda alabanza. Cuando me enfrente hoy con mi día, ayúdame a recordar que Tú eres el Rey y reinas sobre todo. Ayúdame a recordar que no hay obstáculos en mi vida sobre los que no estés reinando. Tú eres mi Rey, ayúdame a recordarlo en el día de hoy.

JAH

/ Yah / Yaj

Jehová, el Señor, abreviatura del
nombre de Dios

Cantad a Dios, cantad salmos a su nombre;
exaltad al que cabalga sobre los cielos.
JAH es su nombre; alegraos delante de él.
SALMOS 68.4 (77.11; 94.7; 102.18; 150.6)

Jah (pronunciado yaj) es una forma abreviada del nombre de Dios, Jehová. Muchas traducciones de la Biblia al español lo vierten como Señor, pero es un privilegio verlo en esta forma abreviada en la versión Reina-Valera, porque tiene que ver con su función poética. Así es, esta forma de Jehová se usa así especialmente en contextos poéticos, sobre todo, aunque no exclusivamente en los salmos. En los salmos más tardíos y de Hallel encontramos este nombre integrado en una expresión que ha llegado a formar parte de nuestro lenguaje común: aleluya (hallel-u-jah, alaben a Jah). Los hebreos también usaban esta contracción del nombre de Dios para construir los nombres de personas, pues casi todos los que terminan en "ías" lo hacen así por contar con la terminación "Jah", como Abdías (*Obad Jah*, "que sirve o adora a Jah").

Resulta conmovedor que Dios se preste y anime a usar una especie de contracción de su nombre más solemne. Él estableció que se usara así en la composición de poemas y canciones, donde encajaba mejor con una sola sílaba que con tres. Dios ama la poesía, la música y la alabanza y se complace en que usemos su nombre cada vez que entonamos un aleluya, ya sea como expresión de gozo, de recibir algo que llevábamos mucho tiempo esperando o como una mera exclamación para exaltar el nombre de Dios. Alegrémonos delante de Él, cantemos *hallel* a Jah, cantemos aleluya.

Padre celestial:

Ayúdame a alegrarme en tu nombre hoy. Inclina mi corazón para tomarme el tiempo de agradecerte por lo que has hecho por mí. Que pueda hoy escribir tu nombre en mi corazón y vivir para contarle a otros acerca de tus grandes obras. Úsame para ayudar a otros a ver que hay poder en tu nombre. Que pueda honrarte mientras me esfuerzo por servirte con todo mi corazón.

JUEZ

/ Shofet

SIGNIFICADO DEL NOMBRE:

Juez, gobernante, líder

Engrandécete, oh Juez de la tierra;
Da el pago a los soberbios.
Salmos 94.2 (75.7)

*E*l verbo hebreo del que procede este sustantivo se puede traducir de diversas maneras, como por ejemplo «juzgar», «gobernar», «decidir», y otros. En el Antiguo Testamento, los términos "juez" o "juzgar" aúnan con frecuencia las tres funciones propias del gobierno: elaborar leyes, llevarlas a la vida del pueblo y juzgar sobre la base de ellas. Eso es lo que en los Estados modernos se llama los tres poderes: legislativo, ejecutivo y judicial, que siempre deben mantenerse separados. Pero no era así en la antigüedad, de modo que tenemos a distintos líderes (por ejemplo, los protagonistas del libro de Jueces) que son llamados "jueces" cuando su cometido iba mucho más allá de lo jurídico. Lo mismo sucede al llamar Juez a Dios, pues no estamos hablando solo de que le corresponde juzgar, sino que todo el poder en todos los ámbitos es suyo.

Reconocer la existencia de un Juez implica reconocer que existe un gobierno, unas leyes y una autoridad para dictar leyes justas, cumplirlas, hacerlas cumplir y juzgar conforme a dichas leyes. En los gobiernos que a menudo nos toca vivir, muchas veces resulta frustrante reconocer que tienen este poder, porque no estamos convencidos de que lo usen como es debido. Nos cuesta confiar plenamente en ellos, a veces por pura tendencia humana y a veces con razón. Sin embargo, al reconocer a Dios como Juez podemos estar tranquilos, descansar en la más absoluta confianza porque sus leyes son justas (Sal 19.7-9), su ejecución de ellas es fiel y para nuestro bien, y su juicio lleno de misericordia, pues sabemos que entregó a su propio Hijo para pagar nuestra sentencia y Cristo, que también se llama Juez (Hch 10.42), es a la vez nuestro abogado (1 Jn 2.1).

Señor mi Dios:

Examina hoy mi corazón, Señor, y ve si hay en él maldad. Te pido que seas el juez de mi corazón. Me conoces mejor que yo. ¿Quién mejor para juzgar mis intenciones y la verdadera naturaleza de mi corazón? Tú eres el juez justo, el que me ayudará a caminar en lo correcto y a obrar con justicia. Gracias por amarme tanto como para juzgar mi corazón.

JEHOVÁ MI ROCA

יְהֹוָה צוּרִי

/ Yahweh tsurí / Yahvé Tsurí

Jehová, mi roca

Bendito sea Jehová, mi roca,
Quien adiestra mis manos para la batalla,
Y mis dedos para la guerra.
SALMOS 144.1 (2 SAM 22.3; SAL 18.2, 46;
19.14; 28.1; 62.2, 6; 92.15)

*E*n el salmo 144, el salmista bendice a Dios con este nombre en un contexto en el que rogaba o agradecía por la protección y victoria sobre sus enemigos. En otros pasajes, se relaciona con el papel de Dios como Salvador y Redentor. También aparece como sinónimo de distintas palabras típicas del Antiguo Testamento para hablar de protección, como refugio, escondite o fortaleza. La palabra "roca" hablaba de firmeza, de seguridad, de lugar inconmovible, pero también se podía referir a una peña alta que, además de abrigo, puede proporcionar sombra cuando el sol abrasa en los desiertos de Tierra Santa. A menudo, los israelitas usaban alguna roca grande para erigir un monumento como recordatorio de algún hecho importante de la historia de Israel o del trato de Dios con su pueblo.

¿Quién puede decir que no tiene luchas? ¿Quién se atreve a afirmar que nunca necesita un suelo firme cuando todo tiembla o se desliza alrededor? Poder llamar Mi Roca al Señor es un privilegio que nos recuerda ese carácter de Dios. En los momentos de batalla, cuando estamos a punto de desfallecer, tenemos en Él un terreno inamovible, un lugar de protección y refugio, un recordatorio de su fidelidad... Además, como cristianos podemos recordar que en 1 Corintios 10.4 Pablo identifica a Cristo como la roca espiritual que estuvo junto a Israel en su largo tránsito por el desierto. Esa seguridad está también al alcance de todos los que podemos llamarle, con pleno conocimiento de lo que significa, Jehová Tsurí.

Padre:

Gracias por ser mi roca firme. Tú nunca cambias ni varías, eres constante en mi vida. Algunos días son más difíciles que otros y cuando me encuentro en problemas o necesito recuperar mi equilibro, siempre puedo volver a Ti, mi roca. Ayúdame a construir mi vida sobre Ti, que eres la roca sólida. Hoy necesito tu cimiento firme en mi vida, Señor.

TORRE FUERTE

מִגְדַּל עֹז

/ migdal oz

Torre fuerte, lugar de refugio

Torre fuerte es el nombre de Jehová;
a él correrá el justo, y será levantado.
PROVERBIOS 18.10 (SAL 61.3)

*P*odemos leer este versículo en el sentido de que se puede llamar "Torre fuerte" al Señor, pero también en el sentido de que su nombre, es decir, Él mismo, o invocarlo a Él, es nuestra Torre fuerte, nuestro refugio. La traducción más literal nos llevaría a esta segunda opción, pero la primera es totalmente válida y adecuada. Si pensamos en las ciudades antiguas con sus altas torres de piedra en las murallas, sentimos la idea de protección, de refugio, que debían de sentir en los tiempos de Salomón.

También en el libro de Salmos encontramos esta idea de Dios como nuestro lugar de protección (p. ej., Sal 18.2 y 144.2).

C uando los campesinos que trabajaban las tierras en torno a los lugares de defensa de zonas fronterizas veían acercarse tropas enemigas, acudían rápidamente al castillo, la torre, el lugar de refugio en el que serían defendidos de esos ataques. Hoy, la mayoría de nosotros enfrenta otra clase de luchas, pero igualmente necesitamos saber que hay un lugar seguro al que podemos acudir cuando recibimos ataques de distintos tipos. En la Palabra de Dios, que contiene sus promesas de protección y compañía, encontramos ese lugar, pero sobre todo lo hallamos en Dios mismo que ha prometido no dejarnos ni abandonarnos jamás.

Poderoso Dios:

Gracias por ser mi amparo, mi torre fuerte, mi refugio en tiempos de tormenta. Hacia Ti corro por seguridad. En Ti me escondo de los problemas que la vida me pone en el camino. Tus puertas siempre están abiertas para mí y tus brazos fuertes me abrazan. En Ti encuentro mi fortaleza y mi descanso. Recuérdame que puedo correr hacia Ti cuando las tormentas de la vida se aproximan.

AMADO MÍO

/ Dodí

Amado, amado mío, mi amado

He aquí que tú eres hermoso, amado mío, y dulce;
Nuestro lecho es de flores
(CNT 1.16, y todo Cantares; para el concepto de Dios
como esposo de su pueblo, ver Is 54.5, 62.5;
EF 5.25-32; AP 21.2,9)

*E*l Cantar de los Cantares es ante todo un poema de amor; en principio amor humano, pero con una simbología implícita que invita a pensar en el amor que existe entre Dios y su pueblo. No era extraño usar la metáfora del matrimonio para hablar de la relación entre Jehová e Israel, incluso cuando se trataba de reprochar al pueblo su infidelidad, como una esposa adúltera. El término que se usa en Cantares es más tierno aún y evoca el ardor de la pasión entre los que se aman. Esta relación de noviazgo o desposorio previo, de relación exclusiva que espera su consumación, la vemos también en Apocalipsis donde se nos presentan las bodas del Cordero, en la que descubrimos a la Iglesia como su amada y esperada esposa, que aparece por fin ataviada con la perfección y belleza a la que está destinada.

*D*urante siglos la literatura mística ha dado joyas preciosas en el cristianismo y el judaísmo, apoyándose casi siempre en el Cantar de los Cantares de Salomón. Para muchos resulta escandaloso hablar de una relación así entre Dios y su pueblo. Nos parece más piadoso hablar de Padre e hijos, de Hacedor y criaturas, pero el profeta Isaías le dice a Israel: "Tu marido es tu Hacedor" (Is 54.5) y el apóstol Pablo nos exhorta a los esposos cristianos, recordándonos que nuestro amor por nuestra esposa debe ser como el de Cristo por la suya, que es la Iglesia (Ef 5.25-32). No tengamos miedo a abrazarnos a Cristo, a Dios mismo, como nuestro Esposo, pues nuestras promesas para la eternidad tienen que ver mucho con eso.

Padre amoroso:

Me encanta que hayas elegido amarme. Para hacerlo, no me pediste que cambiara, simplemente me amaste. Ayúdame a amar a otros con ese mismo amor que me has mostrado a mí. Haz que mi vida brille como un ejemplo de tu amor para todos, sin importar el idioma que hablen o el color de su piel. Que ellos hoy puedan ver tu amor en todo lo que haga y diga.

EMANUEL

עִמָּנוּ·אֵל

/ Immanuel / Emanuel
Ἐμμανουήλ / Emmanouél /
Emanuel

Dios con nosotros

Por tanto, el Señor mismo os dará señal:
He aquí que la virgen concebirá, y dará a luz un hijo,
y llamará su nombre Emanuel.
ISAÍAS 7.14 (IS 8.8; MT 1.23)

Muchos expertos coinciden en que este versículo tuvo su primera aplicación en los tiempos de Isaías, incluso refiriéndose probablemente a su primer hijo. Pero, independientemente de esa primera aplicación inmediata en su contexto, muchas profecías tienen también su cumplimiento en la venida del Mesías, y en ocasiones hasta se divide esa aplicación entre la primera y la segunda venida de Cristo. En Mateo 1.23 encontramos el significado principal indiscutible de esta profecía. Israel necesitaba en tiempos de Isaías la promesa de que Dios estaría con ellos. En cierto modo, Dios se las hizo, pero en un sentido mucho más amplio y eterno se la hizo al Israel del primer siglo y, desde ahí, a todos nosotros.

*E*manuel es el remedio perfecto contra la soledad: "Dios con nosotros" significa que ya no estamos solos. Si tu aflicción ahora se debe a que no tienes nadie a tu lado, invoca a Dios con este nombre. Emanuel es también el antídoto infalible contra todo sentimiento de incapacidad, de impotencia. Por supuesto, hay muchas cosas que no logramos conseguir, a las que no podemos vencer, que somos incapaces de superar, pero saber que Dios está con nosotros nos permite franquear todas esas barreras e insuficiencias, no porque seamos más poderosos, sino porque Él sí es poderoso para llevarnos adelante en toda circunstancia, siempre conforme a su voluntad y no conforme a nuestros caprichos. Como dice Pablo: "¿Qué, pues, diremos a esto? Si Dios es por nosotros, ¿quién contra nosotros?" (Ro 8.31)

Padre celestial:

Muchas veces siento miedo, me siento solo o sin esperanza. En esos momentos es en los que necesito recordar que Tú estás conmigo. Gracias por hacerlo, por consolarme, por entender mis sentimientos y por amarme incondicionalmente. Con tantas cosas que suceden en el mundo, ¿cómo es posible que te importe tanto como para estar conmigo siempre? Gracias por estar siempre presente en mi vida. Señor, recuérdame tu presencia en el día de hoy.

ADMIRABLE

/ pele

Admirable, maravilloso, asombroso,
extraordinario

Porque un niño nos es nacido, hijo nos es dado,
y el principado sobre su hombro;
y se llamará su nombre Admirable...
ISAÍAS 9.6

Algunos traductores prefieren no separar ese nombre del que aparece a continuación: Consejero, pero en nuestra Biblia aparece como un nombre más y es muy apropiado para Dios y para el Mesías. Esta palabra se aplica como adjetivo a muchos hechos y características de Dios, su Palabra y sus obras. Por eso en su función de adjetivo aparece con más frecuencia en el libro de Salmos, porque es una palabra idónea para la alabanza. Pero aquí lo tenemos como nombre o característica del Mesías mismo, no de lo que Él hace. El Cristo prometido iba a ser Admirable. Jesús confirmó plenamente esa parte de la profecía.

*E*s conveniente de vez en cuando detenernos a pensar si alabamos y adoramos a Dios por sus obras o por quién es. Cuando todo lo bueno que tenemos que decir acerca de alguien se basa en los beneficios que recibimos de esa persona, existe el riesgo de que nuestro amor y admiración estén condicionados, y por lo tanto, se pongan en peligro cuando dejamos de ver o recibir esos beneficios. Nuestro Señor es Admirable. Lo es por sus palabras y obras, por todo lo que hizo y hace por nosotros; pero también es Admirable simplemente por ser quien es. Si en algún momento no hace lo que pedimos o no nos da la respuesta que desearíamos a nuestras súplicas, no por eso deja de ser digno de todo nuestro amor, alabanza y fidelidad. Adoramos al Dador, no a los dones.

Poderoso Dios:

Mi corazón quiere elevar una canción contándole al mundo de tus grandezas hacia mí. Tu amor hacia mí es asombroso. Tu perdón es sin medida. Tu gracia llega hasta el mar más profundo para encontrar a personas como yo. ¿Cómo no va a brotar una canción de mi corazón? Si yo no te alabo, entonces las maravillas de este mundo lo harán. Señor, permíteme contarles hoy a otros de todas las cosas grandes que tienes para mí.

CONSEJERO

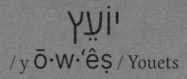

/ y ō·w·'ê̦ṣ / Youets

Consejero, El que aconseja

Porque un niño nos es nacido, hijo nos es dado,
y el principado sobre su hombro; y se llamará
su nombre Admirable, Consejero...
Isaías 9.6

En este versículo de marcado carácter mesiánico, aunque con aplicación también a las expectativas del Israel de entonces, se nos da una serie de nombres para el niño que se espera, el futuro monarca, que ahora entendemos como el Mesías. Era costumbre, en las ceremonias semíticas de entronización, dar sobrenombres al nuevo rey con la intención de ensalzar sus cualidades y el tipo de gobierno que iba a desarrollar.

Uno de esos sobrenombres para el rey mesiánico es "Consejero". Se trata de un rey que dará buenos consejos; sabrá decir a su pueblo las palabras que necesita, no solo las que quiere oír. La historia de Israel está llena de reyes que no supieron ni oír ni dar buenos consejos. El Mesías es totalmente diferente.

En un mundo cada vez más complejo e impredecible, necesitamos un consejero ideal. Si además es un Consejero divino, mucho mejor, porque los problemas que afrontamos son a menudo insuperables desde la perspectiva humana. Los medios de comunicación, las redes sociales, los gurús de moda, todos quieren guiarnos con una sabiduría que, en el mejor de los casos, es pasajera y muy limitada. En la Palabra de Dios tenemos una guía que está muy por encima de todos ellos. Por si fuera poco, el honor de gozar de una relación personal con Jesús nos convierte en los más privilegiados de la historia a la hora de obtener consejo.

Padre:

Gracias por oír mi clamor cuando vengo hacia Ti. Mi corazón está más destrozado que nunca y el mundo me tira en todas las direcciones. Quiero hacer lo correcto, pero me siento muy confundido, necesito tu guía. Hoy necesito una palabra tuya. Señor, ayúdame a estar atento a quiénes pones en mi vida. Dales una palabra de consejo para mí. Señor, gracias por ser hoy mi consejero.

DIOS FUERTE

אֵל גִּבּוֹר

/ el gibbor / El Guibor

SIGNIFICADO DEL NOMBRE:

Dios fuerte, poderoso, guerrero
esforzado

Porque un niño nos es nacido, hijo nos es dado,
y el principado sobre su hombro; y se llamará
su nombre [...] Dios fuerte...
ISAÍAS 9.6 (10.21)

Esta expresión solo se usa dos veces, ambas en Isaías. La primera es esta, referida al Mesías. La segunda, alude inequívocamente a Dios. El adjetivo "fuerte" traduce una palabra que se aplicaba normalmente a los guerreros que destacaban por habilidades o logros extraordinarios. Para los comentaristas bíblicos, esta expresión es la que más dificulta su identificación con ciertos reyes cercanos a esa época, como Josías o Ezequías. Es evidente que el Mesías es más que un rey humano. En cierto modo, contrasta con otro nombre que vemos en este versículo: "Príncipe de Paz". Solemos hallar incompatibles la fuerza y la paz, pero el Mesías tendrá que hacer un claro despliegue de Su divina fuerza para poder establecer su reino de paz.

Aunque ya disfrutemos de la paz con Dios, es indudable que atravesamos muchas luchas en las que necesitamos una fuerza extraordinaria; no, mejor dicho, una fuerza divina. La buena noticia es que el Mesías, Jesús nuestro Señor, responde a ese nombre. Nosotros somos débiles, pero su poder se perfecciona en la debilidad (2 Co 12.9); no tenemos la fuerza necesaria para encarar nuestras batallas, pero la batalla es de nuestro Señor (1 Sam 17.47); no podemos soportar situaciones difíciles, pero todo lo podemos en Cristo que nos fortalece (Fil 4.13); nos sentimos a menudo débiles y pusilánimes, pero Él nos ha dado un espíritu de poder (2 Ti 1.7); no tenemos armaduras válidas para la batalla, pero Él nos da la suya para fortalecernos en el poder de su fuerza (Ef 6.10).

Poderoso Dios:

Muchas veces siento que el enemigo está ganando; soy tan débil en mis propias fuerzas. Ayúdame a recordar que cuando estoy débil, si pongo mi confianza en Ti, puedo ser fuerte porque tu fortaleza me sostiene. Dios, Tú eres mi fortaleza cuando soy débil. Tú peleas por mí y, si Tú estás conmigo, ¿quién puede estar contra mí? Enséñame, Señor, a entregarte mis batallas y a descansar en tu fortaleza y tu paz.

PADRE ETERNO

אֲבִיעַד

/ avi ad / Abi Ad

Padre eterno, padre de eternidad

Porque un niño nos es nacido, hijo nos es dado,
y el principado sobre su hombro; y se llamará
su nombre [...] Padre Eterno...
ISAÍAS 9.6

La interpretación inmediata de este versículo puede aplicarse al Israel de los tiempos de Isaías, que esperaba un rey que fuera una figura paterna duradera, pero no hay duda de que su intención profética alcanza al Israel futuro y a toda la humanidad. Además del sentido obvio, que Dios es nuestro Padre y es eterno, este nombre se aplica al Mesías, al Cristo, y subraya su relación también paternal con su pueblo. Es decir, Israel esperaba un Mesías que los cuidara, que los protegiera, que los formara para lo que debían ser, pero que además haría todo esto sin un límite en el tiempo.

La aplicación de este nombre al Mesías tiene tres implicaciones teológicas. En primer lugar, nos recuerda que en Él se satisface nuestra necesidad de un padre. La ausencia del padre en la familia o el ejercicio decepcionante de ese rol por parte del progenitor, puede causar un daño de por vida, y Dios nos asegura que con Él no sufriremos tal daño. En segundo lugar, este Padre debe ser y es eterno, de modo que tengamos total seguridad y firmeza, conscientes de que NUNCA nos faltará. En tercer lugar, la aplicación de este título al Mesías, a Cristo, confirma la divinidad de Jesús, quien asume un nombre que solo Dios puede tener.

Dios eterno:

En Ti pongo mi confianza. Confío en Ti, en tu palabra y en tu promesa porque todas son eternas. He intentado confiar en mí mismo o en otros y todos me han fallado, pero Tú nunca lo has hecho y sé que nunca lo harás. Ayúdame a seguir poniendo mi confianza en Ti. Confío en Ti por el mañana y por el día siguiente. Te confío mi familia, mis finanzas y mis relaciones. Señor, mantén mis ojos puestos en tu promesa eterna.

PRÍNCIPE DE PAZ

שַׂר שָׁלוֹם

/ sar-shalom

Príncipe (jefe, capitán, caudillo...)
de Paz

Porque un niño nos es nacido, hijo nos es dado,
y el principado sobre su hombro;
y se llamará su nombre [...] Príncipe de Paz.

ISAÍAS 9.6

*P*ríncipe de Paz era un título que incluía la idea de traer vida plena. Muchos intérpretes entienden este pasaje como un himno real que celebra el nacimiento de un rey, que podría ser Ezequías o Josías. Sin tener que descartar eso, es evidente que limitar a ello la interpretación es ignorar el claro sentido asociado a la divinidad. Ellos esperaban que el Mesías trajera la paz militar porque vencería a todos sus enemigos, pero es mucho más importante la paz que Él iba a hacer posible entre Dios y el hombre. Pero no solo se trataba de traer la paz, sino también de ser regidos por ella.

*P*ara los israelitas, pensar en la paz estaba relacionado con pensar en la victoria. Solo después de librarse de los enemigos se podía vivir en paz, en *shalom*, un término que implica también seguridad, tranquilidad, bienestar. Los cristianos podemos apropiarnos también de ese concepto de paz si entendemos que Cristo ya venció a todos los enemigos que quitárnosla: a Satanás, a la muerte, a todos los poderes que se alzan contra el Reino de Dios. En ese sentido, podemos disfrutar ya de su paz, pero también debemos regirnos por ella en nuestras relaciones. Antes que nada, pensar en la paz tiene que llevarnos a la idea de reconciliación con Dios, la cual solo es posible por medio de la obra del Mesías, Jesucristo (Col 1.20-21).

Padre celestial:

Tú eres mi paz. Cuando tengo problemas, Tú me ofreces paz y descanso. Gracias por ser mi paz constante. Mi mente y mi corazón cargan con los problemas del día y no me dan descanso. Pero cuando voy a tus brazos, allí encuentro descanso y paz, una paz que sobrepasa todo entendimiento, una paz que me permite descansar en medio de la tormenta. Gracias por ser mi paz en este día.

SANTO

קָדוֹשׁ
/ Qadosh / ἅγιος / jágios

Santo, Sagrado

Yo Jehová, Santo vuestro,
Creador de Israel, vuestro Rey.
Isaías 43.15 (1.4; 5.16; 6.3; Ap 3.7)

La santidad es uno de los atributos principales de Dios. No extraña, pues, que también se llame así Él mismo. La idea de santidad estaba ligada a la de separación. Se trataba de apartar, separar, consagrar las cosas que eran para Dios, distinguiéndolas del resto de cosas. Aplicado a la moral, los miembros del pueblo de Dios debían apartarse de todo lo que fuera impuro en un sentido ritual o litúrgico, y de todo lo que fuera contrario a los mandamientos de Dios, en un sentido ético.

El versículo de este artículo está tomado de Isaías, que es quien nos habla con más rotundidad de la santidad de Dios. Antes de ser comisionado a su ministerio, tuvo una visión de la santidad de Dios en la que los seres angélicos exaltaban a Dios gritando: "Santo, santo, santo..." (Is 6.3).

*E*xiste un equívoco común en torno al concepto de santidad. A menudo la confundimos con perfección moral absoluta. En cierto modo, podría definirse así en lo que respecta a Dios, pero en cuanto a la santidad que Él requiere de nosotros (Heb 12.14), no puede entenderse así. Pensemos por un momento en todo el instrumental del templo. Tenía que ser santo, consagrado a Dios, apartado exclusivamente para servir en su casa. Pero nadie puede atribuir perfección moral a esos objetos; eran santos porque Dios los había apartado para su servicio y había que mantenerlos limpios para eso. En cierto sentido nuestra santidad, al menos mientras estemos en esta vida, tiene que ser así: nos consagramos al servicio de Dios y nos abstenemos de todas las cosas que ensuciarían nuestro servicio, aunque eso no implique todavía la perfección total.

Padre Dios:

Tú eres santo. En Ti no hay pecado ni tinieblas. Cuando me inclino a tus pies, toda mi maldad sale a la luz porque Tú eres santo. Cuando estoy delante de Ti me avergüenzo por lo que he hecho. Tu santidad me lleva a arrepentirme. Señor, ayúdame a arrepentirme de todas las cosas malas que haya hoy en mí. Que hoy pueda esforzarme por ser santo, como Tú eres santo.

SALVADOR

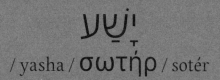

/ yasha / σωτήρ / sotér

El que salva, socorre, pone a salvo

Y no hay más Dios que yo; Dios justo y Salvador;
ningún otro fuera de mí.
ISAÍAS 45.21 (2 S 22.3; LC 1.47; HCH 5.31)

Siempre que pensamos en el nombre Salvador, nuestra mente se va a Jesús, y con razón. Sin embargo, también en el Antiguo Testamento Dios se presenta con ese nombre para su pueblo. Israel necesitaba salvación, no solo en el sentido espiritual que enfatizó Jesús, sino muchas veces en el sentido práctico de liberación de los enemigos. Es en Isaías, en el Antiguo Testamento, donde más aparece este nombre de Dios; precisamente en uno de los profetas con más mensaje mesiánico. El propio nombre de Jesús está basado en la palabra hebrea para Salvador, "porque él salvará a su pueblo de sus pecados" (Mt 1.21), pero ya no se centra en la salvación física de Israel, sino en la espiritual. En ese sentido, su obra como Salvador tenía que incluir a todas las naciones: todos somos criaturas amadas por Él que necesitamos la salvación de nuestros pecados (Hch 4.12).

El orgullo humano es incompatible con el reconocimiento de la necesidad de un Salvador. Es más, esta palabra se usa en ocasiones de modo despectivo para referirse a personas pretenciosas que procuran arreglar las cosas sin que nadie se los haya pedido, especialmente en la política. Jesús no es ningún "salvapatrias" mundano, ningún iluminado que busque la atención sobre Sí mismo. Jesús es el Hijo de Dios, el único que realmente tiene poder para salvarnos de aquello que nos esclaviza, que nos separa de Dios y que nos tendrá eternamente lejos de Él si no recibimos su salvación. Para salvarnos, tuvo que entregar su vida en la cruz, como único ser inocente y perfecto de la historia, para pagar el precio de nuestro pecado y salvarnos así de sus consecuencias eternas.

Soberano Dios:

Tú eres mi esperanza y mi salvación. En Ti pongo mi confianza. Ayúdame esta semana a verte como mi salvador. Ayúdame a no intentar salvarme por mis propios medios, sino a depender completamente de Ti. Gracias por tu salvación diaria y por brindarme una forma de disfrutar tu salvación eterna. Señor, hoy oro para que me salves de mí mismo y me ayudes a honrarte en todo lo que hago.

FUERTE DE JACOB

אֲבִיר אֲבִיר

/ abir iaakob / Abir Yacob

Fuerte de Jacob

*Y conocerá todo hombre que yo Jehová soy Salvador
tuyo y Redentor tuyo, el Fuerte de Jacob.*
Isaías 49.26 (Gn 49.24; Sal 132.2, 5; Is 60.16)

*E*ste nombre de Dios aparece cinco veces en la Biblia. El primero en usarlo es el propio Jacob en Génesis 49.24, durante su bendición a quienes conformarían las doce tribus de Israel; después aparece en Salmos 132.2, 5 y en el libro de Isaías (49.26 y 60.16). Cuando habla de Jacob, debemos entenderlo como referencia a la nación de Israel. De hecho, en Isaías 1.24, se usa la misma palabra junto a Israel en lugar de Jacob. En definitiva, se trata de saber dónde está la fuerza, la protección que aporta seguridad a su pueblo. En Isaías 49.26, Dios muestra su interés en que esa relación protectora hacia su pueblo sirva de testimonio hacia todas las naciones.

Más de una vez nos hemos tenido que plantear dónde está nuestra fuerza. Es normal planteárselo como individuos, pero también conviene pensar en ello como Iglesia, como pueblo de Dios. Dejemos de centrarnos siempre en nuestros problemas particulares y pongamos el foco también en las luchas que está librando la Iglesia, ya sea la congregación local a la que pertenecemos o el Cuerpo de Cristo a nivel mundial. En ese sentido, conviene estar seguros y bien anclados en quién ostenta la fuerza que nos protege. Recordar el nombre del Fuerte de Jacob nos puede ayudar a descansar confiados sean cuales sean las luchas que enfrenta el pueblo de Dios.

Padre celestial:

Gracias por demostrar una y otra vez que eres digno de confianza. Has demostrado tu fortaleza a lo largo del tiempo y siempre has estado para rescatar y defender a quienes te llaman su Dios. También has sido mi fuerza y simplemente digo gracias por permitirme depender de Ti. Te pido, Señor, que seas la fortaleza de mi corazón el día de hoy. Dependo solo de Ti.

VARÓN DE DOLORES

אִישׁ מַכְאֹבוֹת

/ Ish Makobot

Varón de dolores, de aflicciones

Despreciado y desechado entre los hombres,
varón de dolores, experimentado en quebranto;
y como que escondimos de él el rostro,
fue menospreciado, y no lo estimamos.

ISAÍAS 53.3

Esta referencia a la figura mesiánica del Siervo que aparece en Isaías, ha llegado a convertirse en uno de los nombres con que identificamos a Cristo. El término "dolores" habla obviamente de dolores, pero también de angustia o aflicción. La figura de este Siervo Sufriente ha sido objeto de debate entre los intérpretes de la Biblia durante siglos. El pueblo judío tendía a interpretarlo como una referencia a Israel, pero también a un rey o profeta venidero o al Mesías. En Hechos 8.32-35 encontramos la interpretación correcta. En Isaías 53 se ve claramente que este Varón de Dolores cargaría con los pecados del pueblo, que padecería por nosotros en un sufrimiento vicario que serviría para pagar por nuestros pecados y reconciliarnos con Dios. El Varón de Dolores es Cristo, nuestro Salvador.

*H*ay muchas personas que sufren por distintas causas, a menudo injustamente, en ocasiones por amor o en nombre de otros. En cierto sentido, su dolor puede servir a una buena causa e incluso cambiar para bien las circunstancias. Sin embargo, el único que sufrió por nuestros pecados para librarnos de la paga correspondiente es el Mesías, Jesús. Aunque no debemos mirarlo con ojos compasivos sino de alabanza y adoración, es justo llamarlo Varón de Dolores, recordar lo mucho que sufrió para que pudiésemos ser perdonados. Incluso tenemos la esperanza de algún día estar libres de todas las enfermedades que puedan afectar a este cuerpo corruptible gracias a que Él llevó nuestras enfermedades y por su llaga fuimos curados.

Padre:

Gracias por entender mi duelo y mi dolor. Tú conoces bien el sufrimiento y puedes entender qué tan profunda es mi herida, eso hace que tu abrazo hacia mí sea el más especial. Gracias por oír mis oraciones y por preocuparte tanto por mí. Haces que mi corazón se regocije una vez más, cambias mi tristeza por alegría. Es gracias a Ti que puedo disfrutar cada amanecer, cada brisa cálida y el glorioso atardecer. Gracias, Señor.

REDENTOR

/ Gaal

Redentor, rescatador, pariente cercano

Con un poco de ira escondí mi rostro de ti por un momento; pero con misericordia eterna tendré compasión de ti, dijo Jehová tu Redentor.
Isaías 54.8 (Job 19.25; Sal 19.14;
Mt 20.28; Gál 3.13)

El término "redención" aúna los conceptos de rescatar y de recuperar mediante el pago de un precio. En el Antiguo Testamento, las leyes de redención en Israel constituyeron la figura del pariente redentor, que era el familiar más próximo con derecho a pagar el precio para redimir una propiedad o incluso a una persona.

Tenemos un ejemplo precioso en el libro de Rut, cuando Booz, que era pariente del difunto esposo de Rut, compró las propiedades que el fallecido había perdido y se las entregó a Noemí (ver Rt 4.1-11). También podemos considerar a Jesús nuestro Redentor porque, aunque no aparece explícitamente con ese nombre, leemos que Él pagó el rescate por nosotros al precio de su propia vida (Mt 20.28).

Si te sientes atrapado o atrapada, cautivo en una trampa de la que no puedes salir sin pagar un precio, y además descubres que ese precio está años luz por encima de tus posibilidades, hay una buena noticia para ti: tienes un Redentor, alguien que está dispuesto a pagar el precio por tu liberación y rescate. Además, no se trata de alguien que luego te exija un reembolso con intereses de ese rescate, sino de alguien que lo hace por amor. Dios mismo se llama Redentor; Jesucristo vino para redimirnos. Ya no tienes por qué permanecer en esclavitud, tu libertador está a la puerta con el precio del rescate (su propia vida). ¿Quién puede rechazar tanto amor?

Padre amoroso:

Gracias por ser mi redentor, por rescatar-me cuando ya no podía hacerlo por mis propios medios. Cuando estaba en mi momento más bajo, oíste mi clamor, mis anhelos por ser libre y en tu mise-ricordia, me buscaste para rescatarme. Tu amorosa compasión no pide nada a cam-bio como pago por mi rescate, sin embar-go, yo elijo alabarte por eso, oh, Señor, mi redentor.

ESPERANZA DE ISRAEL

מִקְוֵה יִשְׂרָאֵל

/ Miqveh Ysrael / Micvé Yisrael

SIGNIFICADO DEL NOMBRE:

Esperanza de Israel

¡Oh Jehová, esperanza de Israel! todos los que te dejan serán avergonzados; y los que se apartan de mí serán escritos en el polvo, porque dejaron a Jehová, manantial de aguas vivas.
JEREMÍAS 17.13 (VER TAMBIÉN JR 14.8; SAL 71.5; HCH 28.20; COL 1.27; 1 TI 1.1)

Es Jeremías, el profeta del llanto y las lamentaciones, quien aplica este bello nombre a Dios. Precisamente, alguien que parece desesperanzado es el más idóneo para identificar dónde estaba la verdadera esperanza de Israel. En su sentido esencial, la esperanza de Israel no es una persona, sino algo que se espera, algo bueno que Dios tiene preparado para Israel. Incluso Pablo la identifica con la doctrina de la resurrección (Hch 28.20). El término hebreo conlleva también la idea de permanencia, incluso de reunir algo. Todo ello encaja en la conveniencia de ese nombre de Dios que, aunque se usa muy poco, es muy revelador. La esperanza de Israel era algo, pero, mirando con atención, resulta que era Alguien.

¿Cuál es nuestra esperanza como cristianos? El Nuevo Testamento coincide con el Antiguo en la necesidad de no centrar nuestra esperanza en algo sino en Alguien. Aunque nos dice que es un misterio, lo leemos con toda claridad en Colosenses 1.27. "... Cristo en vosotros, la esperanza de gloria". La gloria que esperamos, la esperanza gloriosa para nosotros es mucho más que un estado paradisíaco, ideal, es Cristo mismo que ya está en nosotros y que actúa como garantía (igual que el Espíritu Santo en Ef 1.13-14) del futuro glorioso que esperamos, que no es otra cosa que la plena manifestación de Cristo (1 Jn 3.2-3). Además, en 1 Pedro 1.21, se nos dice que la resurrección y glorificación de Cristo son para que "nuestra fe y esperanza sean en Dios".

Padre Dios:

Tú eres la esperanza del mundo, de las naciones, de Israel y de mi propia vida. Hoy pongo en Ti mi esperanza, sabiendo que tu amor inagotable será mi canción de victoria. Solo en Ti pondré mi esperanza y mi confianza. Puede que las naciones, el trabajo, las amistades y hasta mi familia me fallen; pero tu esperanza me llevará a una vida eterna contigo. Gracias por ser mi Mesías, por ser mi esperanza en este día.

JEHOVÁ, JUSTICIA NUESTRA

יְהוָה צִדְקֵנוּ

/ Yahweh tsedeqnu / Yahvé tsedecnú

Jehová, justicia (rectitud, equidad)
nuestra

En sus días será salvo Judá, e Israel habitará confiado;
y este será su nombre con el cual le llamarán:
Jehová, justicia nuestra.
JEREMÍAS 23.6

*E*l término "justicia" tiene a menudo en hebreo un sentido más amplio que el de rectitud o equidad; puede incluir los conceptos de bienestar y paz. Por eso en Jeremías 23.6 dice que Israel y Judá llamarán a Dios por ese nombre cuando, en un futuro, sean salvas y habiten confiadas. La base de esta esperanza para el pueblo escogido está en que Dios sea su justicia, es decir, quien los hace justos, quien juzga a sus enemigos, quien establece justicia en su tierra prometida, pero también quien trae la paz y la salvación.

En tiempos de Jeremías, Nabucodonosor le había cambiado el nombre a Matanías (2 R 24.17), para ponerlo como rey títere sobre Judá. El nombre que eligió fue Sedequías, que significa "Jah (Dios) es justicia". Pero eso era un fraude; Jeremías profetiza que su salvación vendrá del verdadero Dios, quien sí será su verdadera justicia.

Es imposible citar este nombre de Dios sin acordarnos de lo que dice el apóstol Pablo: "Mas por él estáis vosotros en Cristo Jesús, el cual nos ha sido hecho por Dios [...] justificación..." (1 Co 1.30) y "Al que no conoció pecado, por nosotros lo hizo pecado, para que nosotros fuésemos hechos justicia de Dios en él" (2 Co 5.21). En Cristo encontramos nuestra justicia, de hecho, Él nos confiere por gracia su justicia para reconciliarnos con Dios. Por medio de su sacrificio en la cruz, pagó el precio de nuestros pecados, de nuestras injusticias y, ante el juicio de Dios, aparecemos vestidos con la justicia de Cristo. Que Él sea nuestra justicia nos da seguridad en cuanto a la salvación, esperanza en cuanto al futuro, y un fundamento firme para realizar buenas obras conforme a su propósito en el presente.

Poderoso Dios:

Gracias por ser mi todo en todo. Tú te pusiste en mi lugar y me justificaste. Hablas por mí, me defiendes y me proteges. Gracias por asumir mi pecado y presentarme como santo. Padre, te invito a caminar delante de mí en este día. Quiero poder seguir tus pasos y no errar el camino. Que hoy tu Palabra sea una guía y una luz para mi camino. Gracias por tomar mi lugar.

JEHOVÁ-SAMA

יְהוָֹה שָׁמָּה

/ Yahweh Shamah / Yahvé Shamá

Jehová quien está presente, Jehová
(está) allí

*En derredor tendrá dieciocho mil cañas. Y el nombre
de la ciudad desde aquel día será Jehová-sama.*
EZEQUIEL 48.35

*E*l libro de Ezequiel termina con este nombre compuesto de Jehová aplicado a una ciudad. Se trata de una ciudad inexistente, al menos todavía, que nos hace pensar en la Nueva Jerusalén de Apocalipsis. Este libro habla de la promesa de Dios a su pueblo de darles un corazón y un espíritu nuevos, y un nuevo templo en una nueva ciudad en la que corre un río de vida nueva. Cabría esperar la culminación del mensaje diciendo que se trata de Jerusalén, pero intencionalmente concluye revelando el nombre: Jehová-sama, Jehová allí, el Señor está ahí. De esta manera, lo más importante para el pueblo no es tanto el templo con todos sus detalles o la ciudad con todas sus medidas, dimensiones, materiales, puertas, etc., sino la promesa de la presencia de Dios entre su pueblo.

Sería imposible encontrar un mejor nombre para una ciudad donde vivir para siempre; en primer lugar, porque incluye el nombre de Dios; en segundo, porque garantiza su presencia: Jehová-sama, el Señor está allí. Aunque en el texto bíblico se aplica el nombre a una ciudad profética, podemos pensar en él como nombre propio de Dios, con la licencia de reclamarlo para aquellos lugares o circunstancias en los que tenemos sus promesas de compañía y presencia. Si profundizamos en las promesas de Dios para nuestra vida, habrá muchos lugares a los que podremos llamar Jehová-sama. Nuestra mirada se levanta hacia esa ciudad futura, pero en el presente también podemos invocar ese nombre basándonos en la fidelidad de Dios.

Padre Eterno:

Muchas veces en mi vida he intentado esconderme de Ti. No importa qué tan lejos corrí, allí estabas Tú; siempre estás conmigo. Tú te deleitas en habitar junto a mí, en caminar a la par. Padre, ayúdame a desear estar contigo de esa manera. Ayúdame a buscarte, a no huir de Ti. Enséñame a encontrar gozo en tu presencia y no vergüenza. Tú eres mi compañía constante y hoy quiero celebrarlo.

ANCIANO DE DÍAS

וְעַתִּיק יוֹמִין

/ Attiq yomim / Atíc yomim

Anciano de días, eterno

Estuve mirando hasta que fueron puestos tronos, y se sentó un Anciano de días, cuyo vestido era blanco como la nieve, y el pelo de su cabeza como lana limpia; su trono llama de fuego, y las ruedas del mismo, fuego ardiente.

DANIEL 7.9 (AP 1.13-16)

*E*ste es un nombre poco común y no exento de debate y especulaciones (como su posible relación con Cristo en Ap 1.13-16), precisamente porque aparece muy pocas veces, y solo en el libro de Daniel (ver Dn 7.13, 22). El contexto en que se usa es el de una visión profética en la que aparecen imperios humanos que alcanzan un gran esplendor, pero que no duran. Precisamente para contrastarlo con ese carácter efímero de la grandeza de los poderes terrenales, en ese pasaje se presenta al Anciano de días para subrayar que la divinidad, en la que se destaca su pureza, santidad y juicio, no está sujeta a los avatares del tiempo.

Como seres humanos, tendemos a poner nuestra confianza en poderes visibles. Vemos surgir en la historia imperios y civilizaciones que dan forma a nuestra cultura y casi nos creemos que van a estar ahí para siempre, de modo que los "reinos" del hombre parecen cerrar la puerta al Reino de Dios. Pero no es así en absoluto. Hasta las imposiciones más extendidas en nuestra cultura actual, que nos parecen que van a acabar para siempre con los valores cristianos, tienen sus días contados si somos capaces de poner el foco en el verdadero Soberano, el Anciano de días, es decir, el Dios que no está sujeto al tiempo y sus vaivenes. Todo lo demás pasará, Él permanece.

Padre Eterno:

Te alabo porque Tú no cambias, eres inquebrantable, santo y justo. Yo, muchas veces, termino cambiando de opinión por algo que dijo alguien más, o abandonando una promesa porque ya no me conviene o me costó más de lo que pensaba. Sin embargo, Tú, oh, Señor, no cambias tus promesas ni tus pensamientos. Tú siempre estás firme, siempre eres mi roca. Gracias por cumplir tu palabra hoy en mí.

JEHOVÁ DE LOS EJÉRCITOS

יְהֹוָה צְבָאֹות

/ Yahweh tsabaoth / Yahvé tsabaot

Señor de los ejércitos celestiales
(angelicales, del firmamento)

Y vendrán muchos pueblos y fuertes naciones
a buscar a Jehová de los ejércitos en Jerusalén,
y a implorar el favor de Jehová.
ZACARÍAS 8.22 (DT 20.9; 1 SAM 1.3, 11;
2 SAM 7.27; SAL 48.8)

Y vendrán muchos pueblos y fuertes naciones. Sobre todo los profetas y los Salmos usan la palabra hebrea Sabaoth para hablar de los ejércitos. Se refiere por un lado a los ejércitos en el sentido militar, pero también servía para hablar de todo lo que vemos en el firmamento: el sol, la luna, las estrellas. Podía incluir también a los ángeles.

El término era tan especial que ni siquiera se busca una traducción griega en las dos ocasiones en que aparece en el Nuevo Testamento, de modo que se escribe *kurios* (gr. Señor) *sabaoth*. Lo encontramos traducido como "Señor de los ejércitos" en Romanos 9.29 y como "Señor Todopoderoso" en Santiago 5.4.

D urante la mayor parte de su historia, los ejércitos de Israel siempre estaban en clara desventaja numérica y de armamento con respecto a sus enemigos. En esa situación, era tranquilizador dar este nombre a Dios, quien le garantizaba la victoria. Pero el nombre llegó a referirse, como hemos visto, también al firmamento, lo cual engrandece mucho más nuestro concepto de Dios. Ante un problema irresoluble, no pienses en enfrentarte a él con el poderío del ejército mejor equipado; no, mejor mira al cielo, contempla el firmamento, su inmensidad, sus incontables estrellas... y medita en la realidad de que Dios lo creó y lo gobierna. Ese es el poder que te asiste ante tus pruebas.

Poderoso Dios:

Gracias por defenderme y tomar el control de las batallas en mi vida. ¡Qué asombroso es pensar que el Señor de todos los ejércitos, el Señor de todos los ángeles celestiales, me cuida tanto que lucha y lidera un ejército por mí! La batalla más grande que puedo enfrentar es pequeña en tu presencia. De tan solo pensarlo me siento humillado y hoy te adoro por quien eres, Dios Poderoso.

JESÚS

Ἰησοῦς

/ Iesoús / Yesús

SIGNIFICADO DEL NOMBRE:

Dios salva, Dios es Salvador, Salvador

Y dará a luz un hijo, y llamarás su nombre JESÚS,
porque él salvará a su pueblo de sus pecados.
MATEO 1.21 (LC 1.31)

Aunque el Nuevo Testamento nos da este nombre en su pronunciación griega, responde claramente a un nombre hebreo que en el Antiguo Testamento se traduce como Josué (Jehová salva). Aparte del discípulo de Moisés, en el Antiguo Testamento encontramos al menos tres personajes más llamados así. En los tiempos de Cristo tampoco era raro llamarse Jesús. Los arqueólogos han encontrado más de setenta tumbas de su época con el nombre Jesús, así que nuestro Señor no fue el único con ese nombre. Cabe preguntarse cómo llamarían a Jesucristo sus contemporáneos. Según lo que sabemos de las costumbres de su tiempo y lugar, es muy probable que se le conociera como Yeshúa Bar Yehosef (Jesús hijo de José) o Yeshúa Nasraya (Jesús de Nazaret).

Hasta tal punto la encarnación del Señor fue real y se hizo como uno más de nosotros que incluso adoptó un nombre que, aunque tenía un significado clave, era más o menos común. No se dio a conocer con títulos altisonantes, sino con un nombre propio de su época y de su pueblo. Serían sus hechos, no su nombre, los que demostrarían que Él había venido a salvar a su pueblo, y a todas las naciones, de sus pecados. Pensar en el nombre de Jesús nos ayuda a alabarlo por su misión como Salvador, pero también nos hace pensar en su plena humanidad, en su plena identificación con nosotros y eso debe ayudarnos a acercarnos a Él en plena confianza de fe.

Padre:

Gracias por ser real en mi vida. Gracias por enviar a tu hijo Jesús, no para que naciera en un palacio, sino para que fuera el hijo de un carpintero. Tú me entiendes: viviste como yo vivo, conoces el hambre y el trabajo, no tuviste una vida de privilegios y lujos, sino la de un hombre común. Gracias por amarme tanto como para querer conocerme. Ayúdame a vivir la vida como Jesús lo haría hoy.

ABBA

Άββᾶ

/ Abba / Abbá

Padre, papá, papi

*Y decía: Abba, Padre, todas las cosas son posibles
para ti; aparta de mí esta copa; mas no lo que
yo quiero, sino lo que tú.*
MARCOS 14.36 (RO 8.15; GÁL 4.6)

*E*ste es el término arameo que un hijo usaba para dirigirse con afecto a su propio padre. Jesús lo usó en sus momentos de agonía. Aunque los judíos solían evitar el uso de expresiones afectivas para Dios, vemos que Jesús tiene toda la libertad para llamar así a Dios Padre. Para ellos, primaba la reverencia por encima de todo, y también debe ser así para nosotros, pero no conviene olvidar la relación paterno-filial que Dios había establecido en el pacto con su pueblo.

Jamás un ser humano podrá usarlo de la forma en que lo usó Jesús, pues su relación con el Padre es única (Jn 10.15), sin embargo, la obra de Cristo en la cruz abrió la puerta a una nueva relación que nos permite llamar así a Dios, por medio del Espíritu (Gá 4.6).

Nos llena de gozo recordar las palabras de Pablo a los Gálatas: "Y por cuanto sois hijos, Dios envió a vuestros corazones el Espíritu de su Hijo, el cual clama: ¡Abba, Padre!" (Gá 4.6). Es un privilegio increíble, pero en ningún momento debe menoscabar nuestra reverencia, ni mucho menos hacer que tengamos en poco el acceso a su presencia, que es uno de los privilegios de esta nueva condición que nos permite llamarle Abba. Si puedes llamar "Papá" a Dios, no olvides lo que dice Hebreos 10.19-25. Un privilegio de este calibre no puede quedarse en la teoría, debemos aprovechar cada día lo mucho que significa.

Padre:

Hoy vengo a Ti como un hijo va a su padre. Tú eres mi Padre, mi refugio, mi lugar de consuelo. Tú solo quieres mi bien, deseas verme crecer y cumplir todo lo que has planeado para mí. En Ti encuentro los brazos de mi padre; son fuertes, me aceptan, son delicados y me consuelan. Envuélveme en tus brazos una vez más, Padre. Déjame descansar hoy en tus brazos amorosos y protectores.

VERBO

λόγος

/ logos

Palabra, Verbo, Razón, Causa de todo

En el principio era el Verbo, y el Verbo
era con Dios, y el Verbo era Dios.
JUAN 1.1 (JN 1.14; 1 JN 1.1; AP 19.13)

El inicio del Evangelio de Juan nos recuerda el comienzo de Génesis, y es muy probable que fuera una similitud intencional. Juan quiere dejar claro que Jesús existe desde siempre en la Divinidad, desde antes de la creación, desde la eternidad. Esto enlaza con el sentido que muchos filósofos griegos y judíos de su tiempo le daban al concepto de Logos. Para unos, como Filón de Alejandría, se refería al sentido y orden del universo, compuesto por la Ley de Dios y su sabiduría desde antes de la creación. Para otros, como los platónicos, el Logos era el principio creador y rector del mundo. Tanto judíos amantes de la Torá, como griegos amantes de la filosofía, encontrarían interesante este comienzo del Evangelio de Juan, pero, en principio, ninguno de ellos estaría dispuesto a reconocer que ese Logos divino y creador se encarnó en Jesucristo.

A menudo nos cuesta entender el mundo en que vivimos. Resulta difícil creer que sigue un orden, que existe un principio creador y rector que le da sentido, cuando todo parece tan caótico. Luego, al contemplar la grandeza de la creación, reconocemos que tiene todo el sentido pensar en ese principio, al que Juan llama Logos, el Verbo, e identifica con Cristo. Además, en Hebreos 1.1-2 se dice claramente que Cristo es la revelación que Dios ha escogido para nuestro tiempo. Todo lo que Dios quiere que sepamos lo encontramos en el Verbo viviente, en Cristo. Entender esto nos ayuda a entender también lo que dijo en Juan 14.6. "Yo soy [...] la verdad". No se trata de acumular palabras o conocimientos, se trata de conocer a Cristo.

Poderoso Dios:

Me encuentro asombrado del gran poder que tienes. Tú eres el Dios que llamó al mundo a existencia solo con hablar. Tu voz es como un trueno cuando se aproxima la tormenta, pero también es delicada como para susurrarme al oído y hacerme saber que me amas. Me encanta oír tu voz, oh, Señor. Ayúdame a oír tu voz, tu palabra para mí hoy.

CORDERO, CORDERO DE DIOS

ἀμνὸς τοῦ θεοῦ

/ amnos tou theou / Amnós tu zeu

Cordero (víctima para el sacrificio
perfecto) de Dios

*El siguiente día vio Juan a Jesús que venía a él,
y dijo: He aquí el Cordero de Dios,
que quita el pecado del mundo.*

Juan 1.29

Cuando se habla del Cordero, se está haciendo referencia al sacrificio del Mesías. Este animal era el más utilizado en los sacrificios de la ley mosaica. Inspiraba inocencia, ausencia de pecado y, aun así, tenía que morir precisamente porque al derramar su sangre se cubrían los pecados del oferente. Pero Cristo, como bien se explica en la epístola a los Hebreos, es el sacrificio perfecto, hecho una vez para siempre. Por eso Él era también el Cordero perfecto, divino, sin pecado, que cargó con los nuestros. Ya no solo para cubrirlos, sino para limpiarlos de manera que podamos ser declarados justos ante Dios, con acceso a su Presencia. Pero es interesante que ese Cordero es a la vez el León y se presenta vivo, aunque inmolado, en Apocalipsis, para recibir todo el poder y el honor.

*P*odemos reflexionar sobre este nombre de Cristo para intentar ser nosotros mismos como corderos: mansos, amables... Eso está bien, aunque nos encontremos rodeados de lobos (Lc 10.3), pero de ninguna manera podemos emplear en nuestras vidas el verdadero significado de esta palabra aplicada a Cristo. Solo Él puede quitar el pecado del mundo. Nosotros, a lo sumo, podemos perdonar sinceramente a alguien para paliar los efectos del pecado de quien nos causó un daño, pero no podemos limpiarlo. Sin embargo, esa figura del Cordero en Apocalipsis sí nos deja un ejemplo que vale la pena imitar: aquel que se sacrificó por los demás, que parece muerto e incapaz de nada valioso a los ojos de los demás, es quien realmente vence. Si quieres ser león, debes ser cordero.

Señor mi Dios:

En tu Palabra declaraste que mi pecado me separó de Ti y que se me demandaba un sacrificio. Gracias porque una vez fuiste ese sacrificio para mí y para toda la humanidad. Tú te volviste el cordero sacrificado sobre el que se pusieron todos mis pecados. Lo hiciste voluntariamente, nadie te obligó a hacerlo. Tu sacrificio me ha dejado limpio y sin culpas. Hoy alabo tu nombre.

CRISTO, MESÍAS

NOMBRE ESCRITO EN SU IDIOMA ORIGINAL:

Χριστός

/ Jristós / Kjristós Μεσσίας
/ Messías / Mesías / הַמָּשִׁיחַ
/ Mashiach / Mashíakj

SIGNIFICADO DEL NOMBRE:

Ungido

Este halló primero a su hermano Simón, y le dijo:
Hemos hallado al Mesías (que traducido es, el Cristo).
JUAN 1.41 (DN 9.25; JN 4.25; 9.22)

La palabra Mesías, el ungido, se refería en el antiguo Israel a un sacerdote, un rey o un profeta, que había sido consagrado para el Señor. Como las ceremonias de consagración consistían en derramar aceite para ungir la cabeza del hombre, desde ese momento se le consideraba ungido para su cargo o misión. En algunos escritos mesiánicos se refieren cada vez más concretamente al rey ungido que Israel espera, y de ahí se entiende que adquiera el sentido que hoy le damos de Mesías como enviado de Dios, largo tiempo esperado, para salvar a su pueblo y reinar sobre él en una nueva realidad. Jesús es llamado Cristo (que es "Mesías" en griego), y viene a cumplir esa misión para Israel, pero pronto deja muy claro que su tarea mesiánica abarcará a toda la humanidad, porque "Todo aquel que cree que Jesús es el Cristo, es nacido de Dios" (1 Juan 5.1).

*E*ste nombre divino es un título supremo que ha sido muy disputado a lo largo de los siglos. Antes de Jesús, se presentaron muchos candidatos a Mesías. Algunos colocaron incluso a Juan el Bautista en esa categoría. Pero uno de los rasgos principales de este título es su exclusividad. De cara a los últimos tiempos, el propio Jesús nos advierte de la aparición de falsos cristos; en lo referente a la salvación de nuestras almas, muchas religiones presentan otros artífices de nuestra redención, pero "no hay otro nombre bajo el cielo, dado a los hombres, en que podamos ser salvos" (Hch 4.12). El concepto de exclusividad es casi una ofensa en nuestra sociedad pluralista, pero, desde el respeto a todos, debemos recordar que Cristo solo hay uno y solo en Él hay salvación.

Mi Dios:

Tú eres mi salvación y mi esperanza; a quien anhela mi alma; eres la esperanza de las eras. ¿Cómo puede ser que el Mesías se tome el tiempo de escuchar mi oración, de sanar mi enfermedad y de confortar mi alma? Mi corazón se alegra en Ti, por eso traigo delante de Ti las preocupaciones de mi día. Hoy te pido que las tomes como propias y reines sobre mí.

PADRE DE GLORIA

Πατὴρ τῆς δόξης

/ Patér tes Doxes

SIGNIFICADO DEL NOMBRE:

Padre de gloria; Padre de la gloria

Para que el Dios de nuestro Señor Jesucristo,
el Padre de gloria, os dé espíritu de sabiduría
y de revelación en el conocimiento de él.
EFESIOS 1.17

*E*ste versículo es el único de la Biblia donde se llama a Dios "Padre de Gloria".

El término "gloria" sí que aparece muchas veces en la Biblia. Suele referirse al esplendor de Dios, su fulgor de Santidad y el brillo de su Majestad. En su origen, en hebreo, tiene relación con la palabra que se traduciría como "peso" (*kabod*), de donde desplazaría su significado hacia consistencia, importancia... Hoy, lo relacionamos también con la vida dichosa más allá de la muerte o incluso con la vida ideal en este mundo ("estar en la gloria").

En el Antiguo Testamento, la gloria de Dios se dejaba ver en ocasiones especiales ligada a su presencia, como cuando se inauguró el tabernáculo o el templo (Éx 40.34; 1 R 8.11). Pero en las promesas mesiánicas somos reconfortados con la visión de que "toda la tierra está llena de su gloria" (Is 6.3).

No se puede pensar en la gloria sin el Padre de gloria. Algunos dicen: "Yo estaría en la gloria si tan solo mis hijos se comportasen mejor... si mi esposo fuese más amable... si mis jefes fuesen más comprensivos...", pero esas son solo metáforas muy miopes, pues dejan a Dios fuera del escenario. Además, Romanos 3 deja muy claro que estamos destituidos de la gloria de Dios, y que solo podemos acceder a ella si somos reconciliados con el Padre de gloria. Esa reconciliación solo es posible por medio del sacrificio de Cristo, que pagó nuestra deuda para que pudiésemos presentarnos ante Dios con las cuentas limpias, purificados en su sangre. No hay gloria sin el Padre de gloria; no hay acceso al Padre de gloria sin Cristo.

Poderoso Dios:

Gracias por guiarme cuando más lo necesito. Hoy necesito un toque de tu gloria una vez más. En mi debilidad me siento perdido y me he olvidado de tu gran gloria. Sé que tu gloria es como un faro en mi vida que me recuerda que estás conmigo. Ayúdame a ver tu gloria tanto en las cosas grandes como en las pequeñas. Guíame por tus caminos eternos, para que pueda encontrar gozo en Ti una vez más.

MAJESTAD
EN LAS
ALTURAS

Μεγαλωσύνης έν ὑψηλοῖς

/ Megalosynes en hypselois

Dios majestuoso en los cielos

El cual, siendo el resplandor de su gloria [...]
habiendo efectuado la purificación de nuestros pecados
por medio de sí mismo, se sentó a la diestra
de la Majestad en las alturas.
HEBREOS 1.3 (8.1)

En Hebreos 1.3, para decirnos que Cristo se sentó a la diestra de Dios, se dice que se sentó a la diestra de la Majestad en las alturas. Podemos deducir, pues, que se llama a Dios "Majestad en las alturas" o, incluso simplemente, "Majestad". En otro versículo de la misma carta (8.1) se usa la expresión "Majestad en los cielos" con el mismo sentido. A ese lugar ascendió Cristo tras vaciarse a sí mismo, encarnarse como ser humano, sufrir como uno de nosotros, humillarse, obedecer y salir victorioso de toda tentación e incluso de la muerte (ver Fil 2.1-11).

El término "Majestad" suele aplicarse a los reyes, pero va mucho más allá de la realeza; tiene que ver sobre todo con el poder, la gloria, la excelencia, la magnificencia y el esplendor propios de Dios, aun más inimaginable para nosotros en tanto que está en las alturas, en los cielos.

La referencia a la Majestad en las alturas nos hace pensar en algo inalcanzable para nosotros. Ciertamente es así, porque no podemos hacer nada por nosotros mismos para alcanzar esas alturas, y porque nuestra condición de barro no nos permite llegar a su majestuosidad. Sin embargo, Cristo consigue dos cosas con su ejemplo: nos abre el camino por medio de su sacrificio (Heb 10.19-20) y nos muestra qué clase de camino es el que lleva a las alturas: el camino de la entrega, de la renuncia a los privilegios, de asumir el papel de siervo, de sufrir por los demás. No hay atajos hacia la Majestad en las alturas; Cristo nos muestra el mapa y a la vez Él mismo es el puente y la puerta.

Padre celestial:

Hoy te alabo por tu majestad. Veo tu majestad cuando sale el sol, en el cantar de un pájaro, en la brisa cálida que mueve suavemente las hojas y en las olas que rompen contra la orilla. Tu majestad está en todo lo que me rodea, ayúdame a apreciar el mundo que has creado, porque allí es donde tu majestad se hace oír mejor. ¡Que el mundo cante de tus bondades en este día!

FUEGO CONSUMIDOR

אֵשׁ אֹכֵל

/ Esh okeláh / Esh Oquelá
/ πῦρ καταναλίσκον

/ Pyr katanaliskon

Fuego consumidor

... porque nuestro Dios es fuego consumidor.
Hebreos 12.28–29 (Dt 4.24; 9.3)

*E*ste no es exactamente un nombre de Dios sino una característica, pero es tan intrínseca a su carácter que vale la pena considerarla entre sus nombres. A veces el fuego en la Biblia simboliza guía y protección, como la columna de fuego durante la travesía por el desierto (Éx 13.21).

Pero el significado más frecuente tiene que ver con el juicio de Dios. Ante su santidad, cualquier cosa que se acerque sin haber sido debidamente purificada será consumida. Es curioso que una de las apariciones más importantes del fuego en la Biblia es, precisamente, un fuego que no es consumidor: cuando Dios se le presenta a Moisés desde una zarza que ardía y no se consumía. Era ante todo una señal para llamar la atención de Moisés, pero nos enseña también cómo Dios puede mostrar su misericordia y su guía allí mismo donde despliega su juicio.

Con frecuencia oigo a muchos cristianos orar a Dios como "fuego", rogándole que descienda sobre ellos. Es maravilloso contar con la promesa de la plenitud del Espíritu, pero también deberíamos pensar en las otras acepciones del fuego en la Biblia. Por ejemplo, ¿oraríamos de la misma manera si consideramos que el fuego nos habla del juicio de Dios? Por un lado, nos lo pensamos más, nos produce cierto temor invocar su juicio; pero, por otro lado, nos recuerda la maravillosa buena noticia de que Cristo sufrió sobre sí todo el peso del juicio que nosotros merecíamos, dándonos así la salvación. Además, podemos pensar en Él como la columna de fuego que nos guía en la noche. En todo caso, deseamos que su presencia consuma todo lo indigno que quede en nosotros, nos purifique y nos guíe hacia Él.

Padre Dios:

Hoy vengo a Ti otra vez destrozado. He pecado y necesito que me limpies y me perdones. Necesito que tu fuego consumidor caiga sobre mí, que purifique mi mente y mi alma. Límpiame de tal manera que me consideres santo delante de Ti. Ayúdame a honrarte en todo lo que haga y lo que diga. Que otros puedan ver hoy en mí a una persona que busca caminar detrás de Ti. Deseo que otros puedan ver tu fuego santo en mí.

ABOGADO

παράκλητος

/ parácletos

Abogado, consolador, intercesor

Hijitos míos, estas cosas os escribo para que no pequéis;
y si alguno hubiere pecado, abogado tenemos
para con el Padre, a Jesucristo el justo.
1 JUAN 2.1 (JN 14.15; 15.26)

Podemos llamar a Jesús nuestro abogado porque Él nos promete estar a nuestro lado y defendernos de las acusaciones que Satanás quiere lanzar contra nosotros para evitar que el Padre nos reciba. La palabra que se traduce aquí como "abogado" se aplica en el Evangelio de Juan al Espíritu Santo para decir que es nuestro Consolador. De hecho, el término es muy rico en significado y denota la labor de alguien que se pone de tu parte para decir las palabras adecuadas. Eso es también lo que hacía un abogado defensor y eso es lo que hace nuestro Abogado: Jesucristo, el justo.

*P*ensar en Jesús como nuestro abogado debe llevarnos a una total sinceridad con Él, a andar en la luz sin ocultarle nada. El defensor debe contar con la plena confianza del defendido y debe conocer todos los detalles del caso. Jesús los conoce, pero quiere que salga de nuestra boca, que lo confesemos con expresión de arrepentimiento. Así, el Abogado que además pagó el precio de nuestra culpa tiene todo lo necesario "... para perdonar nuestros pecados, y limpiarnos de toda maldad" (1 Jn 1.9). Él actúa además como *parácletos*, colocándose a tu lado para decirte las palabras más adecuadas y convenientes para ti en cada momento.

Soberano Dios:

Defensor de mi fe y mi salvación. Gracias por defenderme en medio de las acusaciones del enemigo. Gracias por guardar mi mente de pensamientos engañosos o mentiras que me digo a mí mismo. Tú constantemente me dices que soy tuyo, que me amas y que me perdonas. Padre, sigue susurrando esas palabras a mis oídos y márcalas en mi corazón. Recuérdamelas hoy una vez más.

AMÉN

Ἀμήν

/ Amén

Así sea, de cierto, expresión
de ratificación

Y escribe al ángel de la iglesia en Laodicea:
He aquí el Amén, el testigo fiel y verdadero,
el principio de la creación de Dios.
APOCALIPSIS 3.14

Amén es la palabra que se usaba para confirmar algo o para subrayar que es verdadero e importante. Por eso Jesús usa ese nombre cuando se dirige a la iglesia de Laodicea con un mensaje de gran importancia.

Aunque se usa en el Nuevo Testamento, su origen está en el Antiguo, donde servía para ratificar un juramento o firmar un acuerdo.

En los Evangelios, Jesús lo usa muchas veces para enfatizar sus palabras, aunque en nuestra Biblia aparece traducido como "de cierto" (Mt 16.28).

Sabemos que los primeros cristianos decían "amén" al final de una oración, tanto para confirmar las palabras de la oración como para declarar, por parte del resto de creyentes reunidos, su identificación con la oración del hermano. Como Jesús es el gran Amén, podemos confiar en sus palabras y en su guía.

La práctica, y posiblemente el ritualismo al que todos tendemos, han hecho que "amén" llegue a significar algo así como "punto final", "se acabó la oración". A este respecto conviene que rescatemos el sentido original de la palabra, sobre todo cuando lo aplicamos al Señor. "Amén" no quiere decir que se acabó la oración, sino que Dios confirma sus palabras; es más, en muchos sentidos puede llegar a tener el sentido de "ahora comienza lo interesante, ahora empieza la acción, porque Dios va a cumplir su parte. Aquel que es el Amén, el que confirma con toda seguridad sus palabras, va a responder a lo que acabamos de pedirle".

Poderoso Dios:

Me levanto temprano en la mañana para pasar tiempo contigo. Mientras el mundo descansa, yo encuentro mi fuerza en Ti en la calma del momento. Tú has preparado el día que me espera, ayúdame a seguir tu camino. Tu mano guía al sol en su camino a través del cielo. En el fresco de la noche te agradeceré por todo lo que hiciste durante mi día. Terminaré mi oración con una palabra simple desde un corazón agradecido. Amén.

ALFA Y OMEGA

Ἄλφα καὶ τὸ Ὦ

/ Alfa kaí to Omega

La primera y la última letra del alfabeto griego, es decir, el principio y el fin.

Yo soy el Alfa y la Omega, el principio y el fin,
el primero y el último.
APOCALIPSIS 22.13 (1.8, 11; 21.6)

*E*n cuatro ocasiones en Apocalipsis se llama así a Jesús (1.8, 11; 21.6; 22.13), y siempre en boca de Jesús. Decir el Alfa y la Omega en el mundo griego es lo mismo que decir la A y la Z en nuestro mundo. Todo comienza con la A y termina con la Z. Estos límites se refieren al tiempo pues Jesús es eterno, el que es, que era y que ha de venir; y se refieren también a las cosas que existen, pues "en él fueron creadas todas las cosas, las que hay en los cielos y las que hay en la tierra, visibles e invisibles [...] todo fue creado por medio de él y para él. Y él es antes de todas las cosas, y todas las cosas en él subsisten" (Col 1.16-17). No hay nada fuera de Jesús, ni antes ni después de Él.

*P*ara reflexionar sobre cómo aplicar este nombre en nuestra situación, conviene pensar en qué libro se utiliza: Apocalipsis. Efectivamente, al saber que se trata de un mensaje a los cristianos de finales del primer siglo que estaban enfrentándose a numerosas injusticias y abusos de los poderes que trataban de acabar con la Iglesia, entendemos cómo aplicarlo a nuestras vidas. Cuando parece que la historia sigue un curso en el que se desterrará todo vestigio de nuestra fe, incluso atentando contra nuestros derechos y nuestras vidas, debemos recordar que nuestro Dios está por encima de todo: Él es el Alfa y la Omega, el principio y el fin, las mayores turbulencias de la historia no alterarán su propósito.

Dios eterno:

Tú eres el principio y el fin, el primero y el último. Tú conoces mis días aún antes de que comiencen. Cuando recuesto mi cabeza por la noche, Tú ya has visto mi mañana. ¡Qué bendición es saber que nada de lo que me suceda será una sorpresa para Ti! El saber que Tú estás al control trae paz a mi corazón. Padre, recuérdame que nada de lo que suceda hoy se ha escapado de tus manos.

ESTRELLA DE LA MAÑANA

ὁ ἀστήρ ὁ λαμπρός ὁ πρωϊνός

/ jo astér [jo lamprós] jo proinós

La estrella [la resplandeciente]
de la mañana

*Yo, Jesús, he enviado mi ángel para daros testimonio
de estas cosas en las iglesias. Yo soy la raíz y el linaje de
David, la estrella resplandeciente de la mañana.*
APOCALIPSIS 22.16 (VER NM 24.17)

L a primera estrella que podía divisarse en el firmamento tenía, en la antigüedad, un significado muy especial: anunciaba el nuevo día con lo que ello comporta de esperanza y nuevas expectativas. Es el astro que, a simple vista, más brilla, el más resplandeciente aparte del Sol y la Luna. En realidad es un planeta, Venus. Su significado mesiánico aparece muy pronto en la Biblia; ya se insinúa en un libro del Pentateuco, en Números 24.17. Al ser un cuerpo celeste que evidencia que la noche ya pasó, es natural que adquiera ese carácter de esperanza mesiánica. En Apocalipsis es mucho más claro y rotundo, y Jesús mismo se presenta como ese cumplimiento de nuestro ansiado amanecer con Él como Rey.

"La noche oscura del alma" es una expresión que acuñó uno de nuestros poetas místicos, S. Juan de la Cruz. Muchos se identifican con esa frase para describir la sensación de vacío, de hundimiento, de oscuridad absoluta alrededor (como en un pozo profundo) en la que se sienten a veces. Lo que quizá no saben quienes usan esa expresión es que su autor original no le daba necesariamente un sentido negativo sino que la consideraba una parte del trayecto del alma hacia la unión con Dios. En cierta forma, todos tenemos que pasar por esa oscuridad, pero es mejor hacerlo sabiendo que más pronto que tarde contemplaremos esa Estrella de la mañana que nos anuncia el final de la noche oscura y el inicio del día claro con el Señor.